목돈사회

Copyright ⓒ acorn publishing Co., 2015. All rights reserved.

이 책은 에이콘출판(주)가 저작권자 정우성과 정식 계약하여 발행한 책이므로
이 책의 일부나 전체 내용을 무단으로 복사, 복제, 전재하는 것은 저작권법에 저촉됩니다.
저자와의 협의에 의해 인지는 붙이지 않습니다.

목돈사회

대한민국은 어떻게
헬조선이 되었는가

정우성 지음

에이콘

차 례

들어가며 · 6

1장_ 목돈사회 · 11
목돈자본주의 · 13
가족은 어떻게 망가지는가 · 22
사후 세습이 아니라 평생 세습 · 30
목돈사회에서의 실패 · 38

2장_ 주거보증금의 문제 · 49
천문학적인 지하경제 · 51
주거보증금이 해로운 여섯 가지 이유 · 67
반전세의 문제점 · 92
개인의 자립을 돕는 주거정책은 불가능한가 · 99
금융 규제 완화를 둘러싼 논란 · 112

3장_ 세대 양극화 · 127
결혼, 단체전의 백미 · 129
모르핀 중독 · 137
대학등록금 문제 · 146

4장_ 목돈사회를 외면하는 정치 · 169
정치는 어째서 무력한가 · 171
관료사회, 행정왕국의 건축술 · 183
초국가주의 좌우합작 · 190
진보주의자에게 보내는 편지 · 197

5장_ 활력은 어디에서 오는가 · 203
'복지술사'의 탄생 · 205
자립하기 힘든 사회가 낳은 병폐 · 216
재벌 개혁에 대해 · 229
활력은 어디에서 오는가 · 234

에필로그 · 236

들어가며

2013년 저는 인터넷을 통해 스무 회 이상 연재한 글을 묶어서 『나는 아빠다』(알마, 2013)라는 제목의 책을 냈습니다. '나는 아빠다. 어린 딸의 아빠이고 어린 아들의 아빠다.'라는 문장으로 시작한 이 책은 육아와 자녀교육에 관한 이야기였습니다. 따라서 사회에 대한 비평과는 거리가 멀었고, 가족이라는 공간과 그 공간에서 펼쳐지는 관계에 초점을 맞췄습니다. 어린 아이들은 우선 부모가 만든 우주 안에서 자라므로, 힘들어도 비정한 사회를 탓하고 싶지는 않았습니다. 사회구조가 아무리 악하고 비참해도, 아이의 하루는 어김없이 시작됩니다. 아이의 얼굴을 보고 있을 때만큼은 세상을 탓하지 말자, 세상이 나쁘게 변했다 해서 아이를 그 나쁨에 맞출 수는 없지 않겠느냐는 생각이었습니다. 굳이 사회 시스템을 논하지 않더라도 부모의 결단만 있으면 아이의 아침이 달라질 수 있습니다.

아이는 전속력으로 자랍니다. 사회의 구조적 개혁 없이 어떻게 제대로 자녀교육을 하겠느냐는 반론도 있었습니다. 그런 반론에도 불구하고『나는 아빠다』는 육아를 구조적 문제로 보지 않고, 내재적 문제로 이야기했습니다. 아빠로서 아이에 대한 책임을 함부로 덜고 싶지 않았습니다. 사회가 아무리 우울해도 아이는 매일 아침 웃으면서 일어날 수 있습니다.

그러나 어른들에게는 다음 세대를 위해 좀 더 인간적인 모습을 지닌 사회를 만들 책무가 있습니다. 부모가 아이들에게 줄 수 있는 최고의 선물은 좋은 사회를 물려주는 것입니다. 그 아이들이 성인이 될 때 어떤 사회가 더 좋을지에 관한 이야기입니다. 그러려면 우리 사회에 어떤 문제가 있는지를 따지지 않을 수 없었습니다. 유감스럽게도 저는, 우리 사회가 아이들이 커서 살기에 마땅하지 않은 사회라는 결론을 내렸습니다. 성인이 되어도 좀처럼 자립하기 힘든 사회이기 때문입니다. 대한민국 사회는 개인에게 능력과 성실함만을 요구하지 않습니다. 존재에 대한 대가를 개인이 감당하기 어려운 크기의 돈으로 요구합니다. 사회가 개인의 자립을 방해합니다. 전 세계 자본주의 역사에서도 그 전례를 찾아보기 힘든 독창적인 사회입니다.

이 독창적인 '목돈사회'는 너무나 위험해서 부모로 하여금 자식이 성인이 되더라도 함부로 독립하게 놔둘 수 없게 합니다. 경제적 자립은 가능하지도 않고 위험하기 짝이 없습니다. 자수성가의 신화는 사라졌습니다. 신화만 사라지는 게 아닙니다. 자식 세대가 온전히 자기 힘으로 할 수 있는 일들이 사라지고 있습니다. 이는 자식들이 잘 알고 부모도 본능적으로 알아챕니다.

그렇기 때문에 성인이 되어서도, 그리고 취업을 해도 부모로부터 자립하지 못한 자식들이 부지기수이며 마찬가지로 이 사회는 자식으로부터 독립하지 못한 부모로 가득합니다. 부모가 자식의 인생으로부터 독립할 수 없고, 자식도 함부로 부모로부터 자립할 수 없는 까닭은 먼 곳에 있지 않습니다. 목돈사회의 비정함 때문입니다. 자본주의 자체의 모순과 물질숭배, 배금주의 문화 때문에 그러하다고도 말할 수 있겠습니다. 그런 생각을 부정할 수는 없습니다. 그러나 그런 견해는 문제의 핵심을 온전히 장악하지 못합니다. 우리 사회의 시스템은 확실히 서구에서 수입되었으며 서구적으로 배양되었습니다. 하지만 순수하게 배양된 것이 아니라, 어디까지나 한국식으로 배양되었습니다. 그러므로 겉모습뿐만 아니라 속속들이 외국 시스템과는 차이가 있습니다. 이 책은 목돈사회라는 프레임으로 그 차이를 탐구합니다.

한국 사회에서는 자식이 자립하기 어렵고 부모가 자식으로부터 독립하기 어렵습니다. 그러나 정작 서구 자본주의 사회에서는 성인이 된 자식이 부모로부터 자립하고 부모가 자식의 인생으로부터 독립하는 모습을 어렵지 않게 보여줍니다. 목돈사회의 문제는 학자들에 의해 개념화되고 법률에 의해 법제화된 구조적인 문제가 아닙니다. 그렇기 때문에 학자들은 외면하고 침묵했는지도 모릅니다. 외국의 텍스트와 사례에는 없는, 우리 사회에 '고유하게' 자리 잡은 내재적인 문제를 말하는 것입니다. 이것도 구조라면 구조의 문제입니다. 그러나 이 책은 목돈사회를 사회학적으로 연구하지는 않습니다. 목돈사회가 어떤 윤리적이면서도 인간적인 가치를 위협하는지를 검토합니다. 사람들은 비판을 그것에 내재된 가치로 평가하기보다는 실용성으로 비판의 논점을 바꾸는 습관이 있어서 결국 대안을 요구합니다. 사회적 책임을 외면할 수는 없기 때문에 이 책에서도 몇몇 대안이 탐구될 수밖에 없습니다. 하지만 비판은 현재성을, 대안은 가능성을 내포합니다. 술어가 주어를 대신할 수는 없는 노릇입니다.

  목돈사회의 문제점을 다들 막연하게나마 느낍니다. 하지만 느끼는 것과 인식하는 것은 전혀 다릅니다. 느낌이 인식으로 나아가기 위해서는 언어화되어야 합니다. 그래야만 공론이 생깁니다. 이 책의 목적은 대단한 게 아닙니다. 그저 목돈사회라는 담론을 공론화하는 것입니다. 사회를 걱정하는 사람들은 도처에 있습니다. 많은 이들이 소득의 양극화를 염려합니다. 그런 염려의 절반만이라도 세대 간 양극화에 쓰이길 바랍니다. 50, 60대의 어른 세대는 가난했으나 다 같이 가난했고 그만큼 자립하기 쉬웠습니다. 당신들의 청춘은 그윽했고 준비할 것이 없었습니다. 당신들은 너무나 많은 기회를 누렸습니다. 그래서 과거를 추억하고 자꾸 향수에 젖는지도 모릅니다. 그러나 기회가 고갈되면 비명이 생긴답니다. 지금의 청년 세대는 어른 세대의 자욱한 욕망에 대한 대가를 치르고 있습니다. 그들은 너무 연약해 도모해 볼 인생이랄 게 별로 없습니다. 부모의 경제력에 의해 인생이 결정되고 맙니다. 그러면 그럴수록 그 부모는 자식으로부터 독립할 수 없습니다. 목돈사회는 현재를 살아가는 사람들을 포함해서 다음 세대의 자립을 위협합니다.

1장
목돈사회

목돈자본주의

인간의 정의는 먼 곳에 있지 않다. 힘센 사람이 좀 더 무거운 짐을 드는 것은 인간의 상식이다. 연약한 이에게 가벼운 짐을 들도록 배려할 때 우리는 평범한 정의를 체험한다. 언제부터인가 우리 사회는 그런 정의를 잊고 말았다. 강자는 짐을 내려놓고 약자에게 그 짐을 부린다. 더 무거운 짐을 더 연약한 사람이 짊어진다. 그 짐을 감당할 수 없어 사람들이 자꾸 쓰러지는데도 우리는 저마다 행인이 되어 외면하며 걷는다.

자본주의에서의 삶? 돈이 없으면 생존할 수 없고 꿈을 꾸기도 어렵다. 이런 팍팍한 세상사는 다 아는 이야기다. 특별할 것도 없다. 하지만 그런 자본주의에서조차 인간미를 경험할 수 있다. 힘겨운 세상에서도 웃음은 흔하다. 희망과 보람과 행복도 드물지 않다. 자본주의라고 해서 나라마다 같지 않다. 사람 살기에 온순한 사회가 있는가 하면 서민에게 악랄한 사회도 있다. 우리나라는 어느 쪽일까. 자본주의? 막연하다. 천민자본주의? 감정적이지만 여전히 모호한 표현이다. 대한민국이 특이한 건 목돈자본주의라는 점. 젊고 연약한 사람들에게 사회가 요구하는 것은 그들의 노동과 성실함만이 아니다. 전통적인 자본주의는 개인의 노동력과 근면함을 요구하고 그 대가로 돈을 준다. 그러나 목돈자본주의는 개인에게 존재의 대가를 '목돈으로' 요구한다.

어지간한 돈이 아니다. 개인의 능력으로는 도저히 마련할 수 없는 크기의 돈을 요구한다. 임노동을 초월한 돈을 요구한다. 인생의 매우 결정적인 시점에 사회는 태연히 개인에게 목돈을 요구한다. 대학등록금, 주거보증금, 권리금, 연대보증금 등의 각종 목돈은 개인의 나이를 묻지 않는다. 저마다의 소속과 능력과 처지를 배려하지 않는다. 배려를 하지 않으면 언제나 약자가 비명을 지르는 법. 그걸 다 알면서도 사회는 개인에게 '존재의 대가'를 요구한다. 연약한 이에게 무거운 짐을 아무렇지도 않게 올려놓는다. 사회 자체가 돈에 환장하지 않고서는 가능하지 않은 일이 이 나라에서는 버젓이 행해진다. 사람들은 기이하게도 그것을 자연스럽고 당연하게 여긴다. 약자를 대변한다고 말하는 사람들조차 의도적으로 눈을 감는다. 목돈을 요구하는 사회, 이것이 우리 사회의 민낯이다.

수십 년간 어른들은 괴물을 만들고 키웠다. 민주화 세대는 이 괴물이 자라는 것을 방조했다. 이 사회의 청년이라면 꼭 지나가야 하는 인생의 뻔한 진입로가 있다. 그 길을 따라 청년들은 성인이 되고 결혼해 세대를 꾸리며, 또 자기 자신과 가족을 위해 주거지를 구한다. 어떤 괴물이 있어 그 길을 지나가는 대가로 청년에게 통행세를 요구한다. 돈 많은 부모를 둔 청년한테는 문제가 되지 않는다. 힘없는 사람이 이 괴물의 먹이가 된다. 통행세를 낼 돈이 없으면 그 길을 막는다. 그 길을 지나야만 결혼을 할 수 있고 가족을 일구면서 제대로 된 사회생활을 할 수 있다. 그러려면 목돈을 구해 와야 한다는 것이다. 하지만 젊은 세대는 경제활동을 한 적이 없다. 경제활동을 했다 하더라도 괴물이 요구하는 크기의 목돈을 마련했을 리 없다. 목돈을 요구하는 이 땅의 괴물은 어른들이 만들었다. 이제 그 어른들이 소득계층에 따라 대가를 치를 것이다. 많은 재산을 보유한 최상위 계층은 언제나, 여전히, 괜찮다. 한국이 그들에게 특별한 나라인지 그들이 한국 사회에 특별한 존재인지 헷갈릴 정도다. 나는 한 사회의 괴물에 대해 말할 뿐, 부자들을 고발하지 않는다. 부자가 이 괴물을 만든 게 아니라 우리 사회 모든 성원이 이 괴물을 불러냈기 때문이다.

목돈사회에서 저임금은 문제의 겉모습이다. 88만 원 세대의 비애를 폭로하는 르뽀가 있었다. 소비를 줄이고 생활을 단순하게 하며 혼자 살아갈 요량이라면 88만 원으로 살아갈 수도 있겠다. 불가능한 일은 아니다. 인생의 황혼기를 보내는 사람들이라면 능히 그럴 수 있다. 부양가족이 없다면, 어디 후미진 단칸방에서 함부로 소비하거나 활동하지 않고 극히 단순하게 사는 거라면 월 100만 원의 임금으로도 넉넉히 살아갈 수 있을지도 모른다. 하지만 인간에게는 누구나 욕망이 있고 꿈이 있으며, 대개 그런 욕망과 꿈은 소비와 지출을 동반한다. 저임금과 비정규직의 고단함은 단순히 임금의 적고 많음이 아니라 일의 안정성 그 자체의 문제라고 단언하기는 힘들다. 오히려 저임금과 비정규직으로는 사회적 삶을 유지하기 어렵고, 특히 사회가 요구하는 목돈을 맞출 수 없다는 현실이 더욱 문제다.

수입이 적은 인생이 곧 불행하다고 말할 수 없다. 잘못 살고 있는 것도 아니다. 우리 인간은 저마다 꿈이 다르고 좋아하는 게 다르다. 성취욕과 행복감도 개인마다 다르다. 능력도 다르다. 돈에 대한 평등이 과연 존재할 수 있을까? 텍스트 안이 아닌 우리가 살고 있는 현실에서 말이다. 사람들은 자기의 성정과 의지와 행위와 능력에 따라서 개인마다 다른 크기의 돈을 만지게 된다. 빈부의 차이가 생긴다. 부에 대한 차이의 탄생은 그 자체로 심각한 문제가 아니다. 가난하다고 해서 인간이 곧 불행하다고 말할 수는 없기 때문이며, 가난하지만 행복한 사람이 있는가 하면 부유하지만 불행한 사람도 있는 까닭이다. 모든 인간은 각자 차이가 있다. 차이는 인간의 지문이다. 그러므로 차이를 근본적으로 없앨 수는 없다. 차이를 없애는 것은 정치가 아니다. 차이를 인정하되 음지의 고통을 경청하는 것이 정치다. 태양이 떠오르는 곳마다 그늘이 생긴다. 모든 사물은 저마다의 그림자를 지닌다.

목돈자본주의는 한국 사회를 특별하게 규정한다. 저임금과 비정규직 문제의 해결을 주장하는 사람들이 간과하는 사실이 있다. 소득의 불만족 문제를 대폭 해결하더라도 목돈 부담의 고통을 해결할 수 없다는 사실이다. 사람들을 좌절케 하는 것은 돈 그 자체가 아니라 돈의 크기다. 받을 대가의 액수 문제가 아니라, 내가 지불해야 할 액수의 문제라는 점을 명료하게 강조하고 싶다. 돈 자체의 문제가 아니라 돈의 크기 문제, 그것도 내가 받을 액수의 문제가 아니라 내가 지불해야만 하는 돈의 크기 문제다. 자기 능력을 완전히 초월하는 돈의 크기 앞에서 인간이 좌절하며 자유를 잃고 용기를 잃는 것이지, 자기 능력으로 닿을 만한 크기의 돈 앞에서 좌절하거나 존엄성을 잃는 경우는 많지 않다. 푼돈은 수단이지만 목돈은 목적이 된다. 이를테면 88만 원의 임금이 문제가 아니라 880만 원, 8,800만 원의 목돈을, 혹은 그보다 더 큰 금액의 목돈을 어서 구해 오라며, '돈이 있을 리 없는' 사람들을 닦달하는 게 문제라는 이야기다. 그러므로 이 땅의 청년은 결코 안녕할 수 없는 사회구조다. 어른 세대가 겪었던 목돈의 무게는 청년 세대가 겪고 있는 목돈 부담과 견줄 수 없다. 그럼에도 소득의 양극화 문제는 적극적으로 이슈화되지만 세대 간 양극화는 자주 은폐된다. 수치로 쉽게 표현할 수 있는 각종 경제적인 문제는 주목을 받지만 수치로 표현할 수 없는 문제는 외면당한다. 자립, 용기, 의욕, 활력, 사유라는 가치는 숫자로 표현되기 어렵다. 하지만 그런 가치는 바람직한 시민의 덕목이며 한 사회의 문화를 규정한다. 고임금으로도 자립할 수 없으며, 정규직

이어도 용기와 활력을 내기 힘들다면 우리는 다른 질문을 생각해야 한다.

목돈사회가 구체적으로 어떤 병폐를 불러왔느냐, 이것이 이 책의 첫 번째 주제다. 목돈사회는 개인의 자유의지를 약화한다. 생각할 여유와 결심하는 마음을 허락하지 않는다. 청년 세대의 자립을 방해한다. 사회 자체가 개인에게서 행복추구권을 '경제적으로' 겁탈한다. 계급과 계층을 막론하고 정치와 사상과 종교를 넘어서 사회 그 자체가 개인을 핍박한다. 개인에게서 인생을 수탈한다. 목돈사회는 주로 여린 사람을 괴롭힌다. 특히 청년을 공격하고 그들로 하여금 무릎을 꿇은 채 어른들이 만들어놓은 사회구조에 순응하게 만든다. 사회 자체가 존엄한 인간에게서 자유의지를 빼앗고 순응을 강요하는 것이다. 개인은 용기를 잃는다. 인간 정신의 세포분열은 활동을 멈춘다. 사회는 활력을 잃는다.

이것은 민주주의보다 더 근본적인 문제다. 민주주의는 본디 통치의 방식이었다. 민주주의 사회에서도 노예제도가 있었다. 노예는 민주주의의 시민이 되지 못한다. 민주주의 담론만으로도 숭고한 사람들이 많겠지만, 조용히 목돈이나 마련해 오라며 재촉하는 사회, 그 목돈을 구하느라 가족이 다 함께 고통을 겪고 자꾸 은행 빚이 쌓여만 가는 사회에서는 경제민주화든 정치민주화든 공염불에 그친다. 윤리적인 시민에게만 민주주의의 혜택이 돌아가는 것은 아니다. 사악한 힘도 민주주의를 활용한다. 올바른 시민 각자가 사악한 힘을 견제할 수 있고 그 힘이 모임으로써 민주주의가 빛을 발할 수 있다. 근대 교육의 목적은 현장에 곧장 투입될 수 있는 기계 부품을 만들려는 게 아니었다. 나중에 그렇게 해석되고 요구되었을 뿐이다. 교육이 노동 현장에서 써먹을 수 있는 인재를 만드는 것이라는 관념은 인간을 분업 질서의 효율 좋은 부품쯤으로 생각하는 수준 낮은 기업가의 해석에 불과하다. 설령 기업이 잘 교육된 부품을 원한다 해도 그것은 기업 자신의 고유한 소망이라서 스스로 재교육기관이 되게 마련이다. 가장 뛰어난 재능조차 사내 재교육을 통해 눈을 뜬다.

　인간을 부품쯤으로 생각하는 기업가의 의견이 어찌되었든 간에 교육이란 본디 좋은 시민을 양성하기 위함이었다는 역사적 사실은 흔들리지 않는다. 생각하고 잘잘못을 구별할 줄 아는 시민, 진리를 추구하고 정의를 옹호하며 사악함을 멀리하는 시민을 양성하고자 교육제도가 존재했다. 그렇게 교육받은 시민들이 자립할 수 있는 힘을 얻고 그들 중에서 사회를 더 좋게 개선하는 개혁가와 지도자가 나오기를 바라는 것이다. 이것이 가능해지려면 개인은 '자유로운 상태'에 있어야 한다. 근대교육은 개인이 자유의지를 행할 수 있음을 전제로 한다. 그리고 자본주의 사회에서 그런 자유로운 상태는 적어도 '경제적 자립'을 요청한다. 그러나 목돈사회는 시민 양성이라는 근대 교육제도의 근간까지

뿌리째 뽑아버린다. 비범한 크기의 목돈은 현명한 사람조차 노예로 만들기 때문이다. 자유의지가 연약해지고 순응의식이 만연하면 좋은 시민을 양성할 수 없다. 자립하기 쉬웠던 1980년대의 20대와 달리, 오늘날의 20대는 노인세대 다음으로 활력을 잃고 탈정치화될 것이다.

그러면 그럴수록 사회는 몸살을 앓는다. 염치는 손사래를 치며 이 땅을 떠나고, 상식과 교양은 매장된다. 또한 목돈사회는 가족관계를 왜곡하며 갈등을 심화한다. 사회가 요구하는 국가적 차원의 목돈게임은 단체전이기 때문이다. 목돈사회는 출산율 저하와 이혼율 증가의 원인으로 작용한다. 혼례 사치를 불러오고 투기사회를 야기한다. 목돈사회는 부의 세습을 강화하며 신분계급의 심화를 낳는다. 이렇듯 목돈사회는 사회 그 자신으로부터 활력을 제거한다.

이 책은 르뽀가 아니다. 나는 독자 선생께 마감을 모르는 긴 대화를 요청한다. 어떻게 목돈자본주의로부터 우리 사회를 구하겠느냐, 구체적인 방안이 무엇이냐가 이 책의 두 번째 주제다. 몇몇 사람에게 목돈사회의 비정함에 대해 말한 적이 있었다. 나는 정의와 자유의 가치에 대해 말했으나 그들은 '계산기'를 두드리면서 돈을 잘게 쪼개거나 더하곤 했다. 고귀한 영혼을 가진 사람들, 선량한 마음을 가진 이, 세상과 겨루는 투사조차 계산기를 내려놓지 않는 것이다. 언제까지 이율 계산을 하고 있기만 할 것인가? 무엇이 그들의 눈과 귀를 막고 숫자놀이에 몰두하게 했을까? 나는 그들이 이 문제에 대해 의도적으로 눈을 감는다고 생각한다. 나는 생각을 바꿨다. 그들이 계산기를 내려놓지 않는다면 차라리 계산기 놀이에 내가 동참하는 것이 낫겠다는 생각이 들었다. 나도 계산기를 두드릴 줄 안다. 그러나 그 숫자놀이가 어떻게 괴물을 키웠는지 구체적으로 말할 것이다.

적어도 주거보증금과 대학등록금에 대해서는 몇 가지 분명한 대안을 말할 작정이다. 실행하기 복잡한 것은 대안이 아니다. 대안이란 본디 가장 단순하고 가장 현실적인 국면이다. 경영자 연대보증 문제를 둘러싸고는 국가의 행정건축술에 대한 근본적인 질문을 던질 작정이다. 코페루니쿠스는 언제나 우리 곁에 있다. 그러나 무엇인가 결심한 듯 자리에서 일어나기 전에 목돈사회가 얼마나 비극적이며 또 얼마나 희극적인지 낱낱이 살펴보고자 한다. 다 함께 들여다볼 큰 거울이 필요하다. 우리가 우리 사회를 있는 그대로 성찰할 때 비로소 우리는 목돈사회에서 탈출할 수 있다.

가족은 어떻게 망가지는가

개천에 용 날 일이 없다. 부는 세습될 것이며 그에 따라 지위와 권력 또한 세습될 것이다. 목돈게임은 '단체전'이기 때문이다. 가난한 부모를 둔 자식들은 여전히 가난할 것이며 악착같이 살아야 한다. 청년은 스스로의 힘으로 목돈을 마련할 수 없다. 이건 아주 명료한 사실이다. 그런데 그 목돈이 반드시 필요하다면 어쩌겠는가. 이는 목돈게임이 '개인전'이 아님을 방증한다. 목돈게임은 단체전이다. 가족 동원령이 필수적이다. 부모는 사랑하는 자식의 목돈 동원령에 응답해야 한다.

    자식의 인생에 부모가 경제적으로 도움을 주는 것은 인지상정으로, 동서고금을 막론한다. 그러나 목돈사회는 단순한 도움만을 부르지 않는다. 용돈을 주는 게 아니라 목돈을 주는 것이다. 부모 자신에게도 매우 큰 액수의 돈이다. 이 사회는 자식의 취직 여부를 막론하고 목돈게임을 진행한다. 자식이 성장해서 경제활동을 하고 있어도 그 부모는 강박감과 위기감을 갖고 자식을 돌봐야 한다. 사회가 요구하는 것은 단순한 목돈이 아니다. 자식의 능력을 초월한 존재의 대가를 요구하기 때문이다. 생존을 위한 총력전이다. 부모의 노후보다 더 중요한 건 자식의 생존이다. 성인이 되면 부모로부터 자립한다는 이야기는 멋지지만 위험하다. 다른 나라 이야기로 들린다. 한국에서는 그럴 수도 없고 그럴 리 없다. 자원이 고갈되고 있다는 게 문제다. 가계 부채는 물경 1,000조 원을 넘었다.[1]

가난한 부모가 있다면 부유한 부모도 있겠다. 목돈사회는 부의 세습을 평화롭게 강화해준다. 부유한 부모가 그 동원령에 응해준다면 자식은 쉽게 통행세를 낼 수 있다. 부유한 가족은 사회가 개인에게 요구하는 목돈을 쉽게 마련할 수 있다. 통행세를 내는 데 그치지 않고 목돈까지 챙길 수도 있을 것이다. 부자에게 목돈은 그 자체가 좋은 비즈니스다. 부자의 자식이 빛나는 이유는 무엇보다 통행세를 마련하느라 청춘을 소모할 까닭이 없다는 데 있다. 부유한 부모를 둔 자식은 일탈하지만 않는다면 좀 더 좋은 교육, 좀 더 나은 직장, 좀 더 많은 기회를 누리게 된다. 부모를 잘 만난 자식은 목돈게임의 승자다. 단체전에서 승리하기 때문에 부는 자연스럽게 세습되고 권력도 함께 물려받는다. 태어나자마자 인생의 승자가 된다. 부자는 어느 나라에나 있다. 한국의 부자가 빛나는 이유는 그들이 부자이기 때문이 아니다. 부자가 아닌 사람이 겪는 목돈게임의 고통으로부터 자유로우므로

---

1 2014년 말 기준 한국의 가계 부채는 1,089조 원에 이르며 2015년 상반기 중으로 1,100조 원을 넘을 것으로 예상되고 있다.

더 많은 여유와 기회를 누릴 수 있기 때문이다.

　가난한 부모를 둔 자식은 통행세 마련을 위해 긴 세월을 헛되이 보내야만 한다. 자기 힘으로 목돈을 마련하려면 온갖 고생을 지불할 뿐더러 다양한 모욕을 감내해야 한다. 욕망과 꿈을 통제하면서 충분히 참고 또 인내해야 한다. 목돈게임이라는 이 단체전에서 그들의 숙명적인 인내심은 단지 가난한 부모를 뒀기 때문이다. 부러우면 지는 것이 아니라, 이미 패배한 상태에서 부러워하고 질투하는 것이다. 출신 성분에 의해 그들은 이미 목돈게임의 패자다. 부모가 가난하다는 이유로 자식이 연좌해 포복한다. 대학등록금을 이겨내면 주거보증금이 기다린다. 상점을 내려면 권리금이 필요하다. 사업을 하다가 망하면 재기할 능력을 잃는다. 인내한다고 목돈이 마련되지 않으며 성실은 언제나 불충분하다. 중산층이라고 해서 달라지지 않는다. 중산층을 정하는 지수는 수정되어야 한다. 자녀의 등록금과 결혼자금을 마련하기 위해 자기 노후를 준비할 수 없다면 중산층이라고 말하기 어렵다. 그 부모들은 목돈게임의 단체전에 참여한 대가를 치러야 한다. 노후? 언감생심이다. 단체전에 참여하지 않았다면 평생 모은 돈에 연금을 더해서 안락한 여생을 설계할 수 있었을지도 모른다. 다른 나라에서는 베이비붐 세대가 은퇴하면 소비시장에 활력을 가져온다. 우리나라에서는 불가하다. 그들은 돈이 별로 없다.

성공은 기회를 잡는 일이다. 어떤 성공이냐를 놓고서 나름 철학적인 논쟁이나 종교적인 권면을 할 수는 있겠다. 논쟁과 권면이야 어떻게 되었든 현실에서의 개인의 성공은 경제적인 성과와 떼려야 뗄 수 없다. 기회를 잡는 일은 매우 중요하다. 기회를 잡는 것도 개인의 능력이겠지만, 환경이 개인의 발목을 잡는다. 내게 찾아온 기회를 바라보기만 해야 하는 비참함에 대해 나는 말한다. 균등한 기회와 공정한 사회는 맵시 좋은 말이다. 반면 현실은 우리에게 말한다. 기회를 잡으려면 목돈을 해결하라고. 목돈게임의 승자들은 여유를 지니고 다양한 시도를 할 수 있거니와 더 많은 기회를 잡을 수 있다. 부자의 자식들은 재빠르게 기회를 잡으며 신속하게 부를 늘려간다. 더 나은 기회를 통해 부는 세습된다. 주위를 둘러보라. 우리 사회의 모든 기회는 목돈으로부터 자유롭지 못하다. 사회는 빈틈이 없다. 목돈게임의 '선천적' 패자들은 목돈을 마련하느라 정신이 없고, 목돈을 꿔준 은행의 요구에 응하는 데 여념이 없다. 더 적은 기회만이 찾아올 것이다. 눈앞의 좋은 기회를 떠나보내며 한탄하거나 낙심할 수도 있다. 목돈게임의 패자들은 급해진다. 나쁜 기회가 찾아오면 '나쁘다'라는 형용사를 외면한 채 '기회'라는 명사에만 이끌린다. 기회는 투기화하며 도박성을 띤다.

인간은 성인이 되면 부모로부터 독립하고 경제적으로 자립한다. 그러나 이것은 한국에서 요원한 일이다. 대학생이 되고 그 지위를 유지하려면 목돈이 있어야 한다. 아르바이트로 벌 수 있는 돈의 크기는 10년 전이나 20년 전이나 큰 차이가 없다. 그렇지만 대학등록금은 수백 % 상승했다. 가족 동원령으로 대학등록금을 마련하고, 빚이 생길 수 있다. 대학을 졸업했다고 나아지지는 않는다. 유례없는 목돈 요구에 직면한다. 결혼을 하려면 결혼자금이 있어야 한다. 결혼자금의 대부분은 막대한 주거보증금이 차지한다. 등록금과는 완전히 다른 크기의 목돈이다. 등록금 목돈에 비할 수 없는 크기의 목돈을 사회가 통행세로 개인에게 요구한다. 다시 빚 아니면 가족 동원령이 절실하다. 흔히 이 두 개가 동시에 이루어진다.

젊은 사람이(심지어 중장년조차) 그런 목돈을 가지고 있을 리 없다는 사실을 우리는 안다. 개인은 목돈게임에 응하기 어렵다. 개인은 무력하다. 그럼에도 목돈게임은 지속된다. 앞서 이야기한 것처럼, 우리가 외면하지 않고 자세히 바라보면 목돈게임은 가족 간 대항전이라는 사실을 금세 알아챌 수 있다. 이처럼 사회가 요구하는 목돈에 가족 단위로 맞서 단체전을 벌이는 까닭에, 대한민국 청년은 성인이 되어서도 가족으로부터 독립하기 어렵다. 자유의지를 갖기도 어렵다. 자립할 수 없다면 이립而立할 수 없다. 경제적 자립이 정신적 독립을 부른다. 경제적 자립 없는 정신적 독립은 공허하거나 염치없는 일이다. 우리 사회는 자식의 경제적 자립이 몹시 어렵기 때문에 성인이 되어도 정신적 독립을 이루기 어렵다. 나이 많은 어린이가 늘어만 간다. 이처럼 몸만 자란 어른을 '찰러리맨chalaryman'(아이child와 샐러리맨salaryman의 합성어)이라고 한다. 누가 이 '아이'를 탓할 것인가.

성인이 되어서도 정신적으로 독립하지 못한 자식이 있다면 당연히 그 자식의 인생에 개입하고 발언하며 요구하는 부모가 있겠다. 부모가 자식이 감당할 수 없는 크기의 목돈을 해결해줬으니 부모의 발언권이 커지는 것은 당연하다. 부모의 목돈 지원은 명목상 무상으로 보이지만 그렇지 않다. 부모와 자식 간에 돈을 주고받는 거래다. 자식은 경제력을 가진 부모의 발언권에 맞서 함부로 거스르기 어렵다. 자연스러운 현상이다. 자식들은 부모가 당연히 자신의 목돈을 마련해줘야 한다고 생각한다. 그게 부모의 역할이자 도리라고 여기는 것이다. 그런데 정작 자기 부모가 그럴 형편이 되지 못한다면 '가족의 위기'가 초래된다. 이런 위기는 우리가 속한 사회 스스로 조장한 것이다.

물론 부모로부터 경제적 자립을 하겠노라 결심하는 청년도 있겠다. 그러나 개인의 힘으로 목돈을 마련하기 극히 어렵다는 완고한 사실에는 변함이 없다. 다른 도움을 찾는다. 은행이다. 그 결과 목돈게임이 진행되는 동안에는 은행으로부터 독립할 수 없다. 가계 빚은 늘고 은행은 여신與信으로 포동포동해진다. 은행의 노예들은 부당한 대우를 받고도 참아야 하거니와 함부로 자유의지를 발휘하면서 꿈을 좇을 수 없다. 용기란 얼마나 무거운 것인가. 용기라는 짐을 내려놓는다. 용기를 자극하고 촉구하는 것을 외면한다. 생각은 용기를 부추긴다. 그러므로 생각을 멀리한다. 무감각해진다. 일자리를 잃으면 겪게 될 험한 꼴을 두려워하기 때문이다. 신용을 저당 잡힌 인간의 영혼은 나약해진다. 열심히 일을 해서 겨우 빚을 갚았다고 해서 안심해서는 안 된다. 1~2년 일하지 않고 생활할 수 있을 정도로 현금이 있다고 방심해서도 안 된다. 자기 자식에게 요구될 목돈 마련을 위해 다시 단체전에 참가해야 하기 때문이다.

이런 굴레를 다른 나라에서는 찾기 어렵지만, 우리나라에는 있다. 그 피해를 우리 자신이 겪는다. 그렇지만 목돈이라는 괴물은 무엇보다 어린 세대, 청년 세대의 인생을 볼모로 잡고 가계를 핍박한다. 목돈게임의 승자들은 목돈의 무게를 자기보다 더 연약한 이에게 전가한다. 국가가 국민에게, 부자가 가난한 이에게, 어른 세대가 자식 세대에게 목돈을 요구한다. 이 정도 되면 계급도 처지도 연령도 아랑곳하지 않고, 아는 사람이든 모르는 사람이든 목돈을 요구하는 게 자연스러운 문화가 된다. 그것이 오늘의 대한민국이다. 끊임없이 남에게 고통을 전가한다. 사람들은 자기의 인내와 고통에 대한 사악한 보상을 원한다. 자기가 목돈을 마련했으니 당신도 목돈을 마련해 오라고 태연하게 요구한다. 자신의 고단한 역사는 남에게 고통을 전가하는 방식으로 보상받는다. 남의 고통이 곧 나의 보상이다. 그게 전세제도의 사회적 본질이다. 당신은 아마 전세제도의 경제적 효용을 계산할지도 모르겠다. 그러나 정의는 셈법에서 비롯되지 않는다. 목돈게임은 단체전이므로 아이들이 장성했을 때 부모는 자식의 전세보증금을 마련해줘야 한다. 결국 자기가 겪은 고통, 남에게 전가한 고통은 다시 돌고 돌아 자기 자식의 고통으로 되돌아온다.

우리 그러지 말자. 젊은이의 인생을 걸고 투기하지 말자. 어른들은 온화한 마법사처럼 인문학이니 힐링이니 도전이니 하면서 젊은이들에게 주문을 건다. 청년들은 스펙 쌓기에 열중이다. 이 모두는 '모르핀 주사'에 불과하다. 목돈게임은 단체전이다. 한국 사회의 모든 가정이 갑옷을 입고 참여하는 콜로세움, 이것이 우리 사회다. 어떤 정치인도, 어떤 정당도 이 문제를 해결하겠노라고 목소리를 내지 않는다. 심지어 서민의 대변자라고 스스로 여기는 사람조차.

사후 세습이 아니라 평생 세습

빈부 격차의 탄생, 확대, 심화는 인류사의 오래된 문제여서 이 문제를 다룸에 있어 냉정해질 필요가 있다. 일반적으로 부자에게는 핸디캡을 주고, 빈자에게는 혜택을 주는 방식의 접근이 채택된다. 사실 전자보다 후자가 더 중요하고 본질적이다. 누구도 공평함을 위해 다 같이 가난해지자고 주장하지는 않기 때문이다. 부자가 더 쉽게 가난해지는 방법을 찾는 사람은 없다. 가난한 사람이 더 쉽게 부유해지는 방법을 강구한다거나 가난하더라도 행복하게 살 수 있는 사회를 도모한다. 부자가 더 부자가 되든 말든, 빈자에게 더 많은 혜택을 줌으로써 사회가 더 건강해질 수도 있을 것이고, 그렇다면 부자에 대한 견제나 핸디캡이 이차적일 수도 있겠다. 모든 서민을 윤리적이라 칭송할 수 없는 것처럼 모든 부자가 악덕하다고 규정할 수도 없다. 이처럼 양극화의 관점에서나 윤리적인 관점에서나 부자를 상대화하면 현실적으로 얻는 것이 있다. '빈자에 대한 관심'을 좀 더 우선할 수 있다는 점이다. 요컨대 가난이 운명처럼 대물림되지 않는다면 부의 세습조차 관용할 수 있다. 서민과 중산층이 자기 자식에게 재산을 물려주는 것처럼 부자도 그럴 뿐이다. 부의 세습을 견제하는 것만으로는 빈부 격차의 문제를 해결할 수 없다.

양극화 문제의 열쇠는 부자가 아니라 빈자에게 있다. 부자에게는 핸디캡을 주겠지만 그와 동시에 빈자에게는 혜택을 줘야 한다. 그러나 목돈사회는 거꾸로 부자에게는 '혜택'을 주고 빈자에게는 '핸디캡'을 준다. 한국 사회는 모든 개인에게 목돈을 '보편적으로' 요구한다. 그런 목돈은 부자에게는 부담이 되지 않는다. 반면 빈자는 감당할 수 없다. 중산층이나 서민들도 마찬가지로 목돈의 고통에 시달린다. 다만, 그 고통이 내면화되어서 체감하지 못할 뿐이다. 이것이 바로 '빈자에게 주는 핸디캡'이다. 부자가 아닌 사람들이 목돈을 마련하기 위해 가족 차원에서 정력을 낭비할 때, 부자들은 다양한 기회를 취할 수 있다. 또한 목돈 자체가 신용이자 실력을 의미하며 목돈의 사회적 수요가 널려 있기 때문에 그만큼 투기로부터 얻는 이익과 불로소득의 기회가 많다. 이것이 '부자에게 주는 혜택'이다. 양극화 심화의 원인이 목돈사회 자체에 있는 것이다. 부의 세습은 사후 세습이 아니라 평생 세습의 방식으로 이루어진다.

소득 재분배를 주장하는 사람들은 부의 증식에 대한 견제책으로 조세제도를 거론한다. 과세에 대한 신뢰는 꽤나 순진하다. 고소득에 대한 누진 과세, 상속이나 증여에 대한 엄격한 과세는 이미 형성된 부에 대한 것이다. 하지만 부는 지속적으로 증식하는 것이지 어느 시점에서 확정되지 않는다. 증식을 포기한 부는 서서히 소멸한다. 과세는 확정된 부에 대해서만 견제할 뿐이다. 돈은 명사이지만 동사이기도 하다. 부는 본디 사후 세습이 아니라 평생 세습의 방식으로 대물림된다. 부는 끊임없이 움직이면서 증식하고, 그런 증식을 통해 부가 세습된다. 부의 증식력은 돈의 크기에 비례한다. 더 큰돈이 더 많은 돈을 부른다.

사후 세습이 아니라 평생 세습의 방식으로 부를 대물림할 때 '기회'의 독점은 크고 강하게 작용한다. 개인의 능력과 의지가 상이하다면 기회의 양질도 달라질 것이다. 여기까지는 문제가 없다. 그런데 문제는 개인의 능력과 의지가 돈에 의해 좌우된다는 점이다. 능력과 의지로 돈을 버는 것보다는 돈이 있음으로 해서 능력과 의지가 생긴다는 것이 첫 번째 문제요, 부자의 자녀들은 물려받은 재산으로 더 많은 기회를 탐할 수 있으나 그렇지 못한 사람들은 재산이 없으므로 기회를 탐하지 못한다는 기회의 상대적 불균형이 두 번째 문제다. 부자가 아닌 사람들은 바로 앞의 좋은 기회를 알면서도 떠나보낸다. 부자가 아닌 사람들의 상대적인 기회 박탈과 부자들의 기회 독점으로 말미암아 평생 세습의 형식으로 부의 대물림이 강화된다. 소득 불균형의 문제보다는 기회의 불균형이 더 큰 문제이며, 그런 불균형은 개인의 소득보다는 개인이 속한 집단(가족)의 자산에 의해 더 심화된다. 여기서 내 생각을 분명히 밝혀둘 필요가 있겠다. 나는 기회의 독점을 거론하며 부자들에게 핸디캡을 주자는 게 아니다. 그런 방식은 말은 쉽지만 문제를 오히려 복잡하게 만든다. 부자가 아닌 사람들은 어째서 기회를 잃고 마는가, 특히 그런 상실이 한국 사회에서 어째서 더 보편화되는가에 관한 이야기를 하고 싶다.

기회는 이른바 아이디어에서 촉발된다. 비루하든 탁월하든 창의성이 개입한다. 발견, 착상, 묘책, 발명 따위의 차별성이다. 아직 실현되지 않은 가치다. 기회를 포착해서 실행하는 사람들은 아직 실현되지 않은 가치를 좇는다. 경제 행위로 그 가치를 실현한다면 그(그녀)는 부를 얻을 것이다. 그러나 자본주의 사회에서 기회는 대개 '자본적'이다. 현실적으로 돈이 필요하다는 벽에 부딪친다. 부자와 빈자가 공평하게 아이디어를 생각해낼 수 있다고 가정할 때, 결국 기회의 자본성에 의해 획득되는 부가 결정될 수 있다. 설령, 시장에서는 다양한 금융상품과 투자 서비스가 제공되고 국가가 각종 지원 시책을 실행하더라도, 또한 개인의 의지가 남다르다 하더라도 기회의 자본성은 좀처럼 순화되지 않는다. 왜냐하면 기회를 탐하기 이전의 한국인 특유의 실존 문제가 있기 때문이다. 돈을 끌어모아 그 아이디어에 투자하기보다는, 먼저 자기의 생활에 거금을 써야 하기 때문이다. 예컨대 아이디어에 몰입해 기회를 실행하기 위해서라도 먼저 생활의 문제를 해결해야 한다. 그러려면 한국인은 필연적으로 주거보증금을 마련해야 한다. 기회를 포착해서 실행하려면 집중된 에너지가 필요하다. 일상생활에서 너무나 많은 에너지를 소모하고 있는 까닭에 여분이 별로 없다. 앞서 말한 것처럼 보편적인 목돈 요구 때문이다. 망설이다가 기회라는 열차에 탑승하지 못한다.

사회가 모든 개인에게 목돈을 요구하는 것은 마치 역누진과세와 같다. 똑같은 금액을 부담할 때 부자보다는 서민이 감당하기 어렵고, 어른 세대보다 젊은 세대가 더 큰 무게를 느낀다. 푼돈이 아니라 목돈의 경우에는 더욱 그러하다. 근대 국가는 조세 정의라는 명목으로 누진과세를 천명한다. 하지만 한국 특유의 목돈사회는 역누진과세를 아무렇지도 않게 실천한다. 이로써 이 사회의 서민은, 그리고 부자를 부모로 두지 않은 청년은 '상대적으로' 기회를 잃는 것이 아니라 '절대적으로' 기회를 잃는다.

부자가 아닌 사람들은 어떻게 부자가 될 수 있을까, 혹은 그들은 어떤 조건에서 인생에 여유를 갖고 행복을 추구할 수 있을까. 정보를 지식으로 만들고 기회로 삼을 수 있는 능력이 필요하다면 그 능력 배양을 위해 좀 더 쉽게 교육을 받고 또 그 교육에 집중할 수 있어야 한다. 자신의 창의성을 무기로 새로운 활력을 사회에 제공함으로써 더 나은 경제적 삶을 누릴 수 있다면, 창의성에 몰입할 수 있도록 사회가 도와줘야 한다. 경제적 성공을 위해 모험이 필요하다면 도전의 대상을 찾을 수 있는 여유와 자유롭게 모험할 수 있는 환경이 필요하다. 이런 환경 자체가 부자가 아닌 사람들을 돕는 국가 차원의 인프라다. 그리고 그것이 곧 창조경제의 본령이라고 생각한다. 하지만 이런 인프라는 부자에게는 필요 없다. 기회의 탐색과 실행에 있어서는 부자라는 실존만큼 유용한 것이 없기 때문이다. 서민에게는 절실하되 부자에게는 옵션이라면 그런 인프라는 공공 영역이다.

한편, 기회는 성공을 보장하지 않는다. 기회의 대부분의 결과는 실패다. 그렇기 때문에 기회를 통해 부가 되물림된다는 점을 우리가 고찰할 때에는 반드시 기회를 통해 부가 어떻게 증발하는가도 함께 고찰해야 한다. 실패의 문제다. 부자는 거의 대부분 한 번의 실패로 망하지 않는다. 쉽게 재기할 수 있기 때문이다. 하지만 서민은 단 한 번의 실패에서도 재기하기 어렵다. 실패해서 재기하기 어렵다면 기회란 꽤나 난폭한 셈이다. 이것이 앞으로 얘기할 주제 가운데 하나다.

경제적 신분을 막론하고 소득은 높을수록 좋다. 그러나 사람마다 능력이 다르고 하는 일에 차이가 있어서 소득이 공평하게 높아질 리가 없다. 경제적 생존은 소득에 의해 정의되는 것이 아니라 소득과 지출의 상관관계를 통해 정해진다. 요컨대 적은 소득으로도 경제적인 삶을 영위하는 데 특별한 문제가 없다면 그것은 지출의 무게가 낮다는 뜻이다(소득 향상을 위한 노력과 권고는 언제나 의미가 있겠지만). 그렇다면 필수적인 지출의 크기를 줄이는 사회적 차원의 노력(개인적 차원이라기보다는)이 필요하다. 자유로운 인생은 언제나 인간의 정신 건강에 이롭다. 경제적인 관점에서 보자면 빚은 언제나 개인의 자유를 제한한다. 그러므로 빚 많은 인생보다는 빚 없는 인생이 행복을 추구하며 살기에 좋다. 빚이 느는 원인은 소득이 적어서라기보다는 꼭 지출해야 할 상황이 생겼기 때문이다. 그렇기 때문에 그런 지출을 필수가 아닌 옵션으로 만드는 정책이 필요하고, 특히 개인이 감당하기 어려운 목돈의 지출을 어떻게 감소시킬지에 대한 해결책이 필요하다. 이런 방식의 접근이 극소수의 재벌을 견제하는 방식보다 사회의 공평함을 회복하는 데 더욱 유용하다.

하지만 목돈사회는 이런 모든 요청을 거절한다. 등록금은 비싸다. 집값과 보증금은 지나치게 크다. 가게를 내려면 권리금이 필요하다. 가게가 잘되든 망하든 권리금은 증발될 수 있다. 작은 사업을 경영한 대가로 빚더미에 올라앉을 수 있다. 부자는 걱정이 없다. 이게 모두 돈이 있느냐 없느냐의 문제이기 때문이다. 부의 세습을 원하는 부자에게는 목돈사회 자체가 천혜의 자원이다. 돈만 있으면 남들이 '겪어야만 하는' 사회적 고통으로부터 면책되기 때문이다. 반면 부자가 아닌 사람들은 목돈 마련을 위해 가족을 소모시키면서 자기 인생을 투기해야 한다. 이것이 바로 평생 세습의 메커니즘이다. 한국 사회는 부자가 기회를 적극적으로 독점함으로써 평생 세습을 실현한다기보다는, 부자가 아닌 사람들이 함부로 기회를 탐하지 못하도록 함으로써 평생 세습을 실현한다. 이것이 한국의 자본주의가 다른 나라의 선진

자본주의와 현격히 다른 점이다. '국민'의 관점에서 보자면 개인의 능력과 성실함보다는 그(그녀)가 속한 가족의 재산에 의해 인생이 결정된다. 이것이 지금 세대가 겪는 비극이기도 하다.

이렇듯 목돈사회는 함부로 모험하고 도전할 수 없도록 연약한 사람에게 핸디캡을 주면서 부를 세습한다. 부의 세습을 견제하려는 사람들은 강자에게 어떤 핸디캡을 줄 것인지를 연구해왔고, 증여세뿐만 아니라 특히 상속세가 더 엄격한 기준으로 더 강하게 집행되기를 원한다. 그렇지만 그들이 모르거나 외면하는 세 가지 사실이 있다. 첫째, 부의 대물림은 사후 세습이 아니라 평생 세습이라는 점이다. 돈과 기회의 역학관계를 탐구할 필요가 있다. 둘째, 사회 자체가 약자에게 핸디캡을 줌으로써 부자의 세습을 보장한다는 사실이다. 사회적 과세인 목돈 요구의 역누진과세적 성격을 인식할 필요가 있다. 셋째, 소득을 통한 부의 증식 메커니즘보다는 부모로부터 물려받은 재산에 의해 기회를 독점한다는 점이다.

소득 불균형이라는 담론만으로는 부족하다. 부의 세습을 견제하려거든 약자를 짓누르는 핸디캡을 우선 없앨 일이다. 부자에게 더 큰 과세를 함으로써 경제적 공평을 이룰 수 있다는 환상은 적어도 한국 사회에서는 순진한 생각이다. 이 시대의 슬픔은 대부분의 지식인과 정치인이 순진하다는 것이다.

목돈사회에서의 실패

실패는 사람으로 하여금 또 다른 출발점을 찾도록 만든다. 실패는 새로운 시작을 의미한다. 여기까지는 진부한 잠언이다. 실패는 재산에 따라 다른 결과값을 내놓는다. 부자들에게는 새로운 시작을 뜻한다. 좋은 경험을 했다고 쿨하게 말할 수도 있겠다. 부자가 아닌 사람들에게 실패는 과거로의 회귀를 의미한다. 새로운 출발점의 모색이라기보다는 그저 고통이 심한 과거로의 가혹한 회귀다.

한국 사회는 실패에 관해서도 그 독특함을 보인다. 실패한 사업자가 그 대가로 재산을 소진했다고 가정하자. 이 경우 '다시 시작'이라 함은 사회가 모든 개인에게 보편적으로 요구하는 목돈을 다시 마련해야 한다는 의미가 된다. 소득을 다시 키워야 한다는 의미가 아니다. 중년의 사업자가 재산을 탕진하는 경우 그 쓰나미는 당사자를 넘어 가족에까지 미친다. 그가 소득이 보장된 직장을 구해서 다시 시작하더라도 주거지를 구하기 전까지는 많은 모욕과 피곤함을 감수해야 한다. 소득만으로 인생을 설계하기 어렵다는 것을 실패자는 알고 있다. 어쩌면 그런 사실 때문에 급여생활보다는 사업을 결심했을지도 모른다. 소득보다는 당장의 목돈이 필요하다. 소득은 모름지기 신용을 부른다. 외국에서는 그 신용으로 주거지를 구할 수 있다. 한국에서는 소득이 보장하는 신용만으로는 어렵다. 이 사회 자체가 소득 신용보다는 담보 신용을 더 중시하는 사회이기 때문이며, 그런 담보 신용조차 당신이 현재 어느 정도의 현금을 갖고 있느냐에 따라 결정되기 때문이다. 실패자는 이런 구조를 처음부터 다시 반복한다.

실패는 늘 생긴다. 기업과 국가도 마찬가지다. 실패는 어쩌다 생기는 예외가 아니다. 비바람이 불면 반드시 실패가 생긴다. 진보와 발전은 실패를 어떻게 취급하느냐에 따라 정해진다. 이는 인류의 오랜 경험이어서 마치 자연법칙과 같다. 이 법칙은 단순하고 명료하다. 실패를 통해 성장하고 성공한다는 것. 이 법칙을 어떻게 취급하느냐를 보면 인간과 사회의 수준을 체감할 수 있다. 누군가 실패했다고 그이를 능욕하면 능욕한 사람의 수준을 알게 된다. 사업하다가 망했다고 재기할 기회를 주지 않으면 그 사회의 수준을 볼 수 있다. 국가는 기업의 도산을 함부로 방치할 수 없고 방치해서도 안 된다. 망한 기업이라 해도 그 기업이 생존했을 때에는 엄연히 세금과 일자리로 국가경제에 기여한 바가 있기 때문이며 기업의 도산이 국민의 생존과 관련될 수 있기 때문이다. 물론 국가가 시장에 개입할 때에는 한계가 있고 사회 성원의 상식과 공평에 따라야 하겠다. 어떤 기업이 도산했다고 해서 그 회사를 일일이 국가가 공적인 힘으로 되살려주기는 힘들다. 결국 국가는 인프라로 말한다. 기업의 실패가 시장이라는 인프라에서 필연적으로 발생하는 것이라면 재기 또한 필연적이어야 한다. 기업은 사라지면 그만이지만 아픔은 사람이 고스란히 지게 되고 그 사람 역시 국민이기 때문이다. 수많은 실패자들이 다시 재기함으로써 사회는, 그것이 시장이든 국가든, 다시 활력을 찾을 수 있다. 요컨대 국가는 실패로부터 재기할 수 있는 인프라를 갖춰야 한다.

실패로부터의 재기가 용이한 인프라가 있다면 여러 가지 빼어난 이점을 얻게 된다. 이를테면 실패할 기업이 실패할 수 있도록 놓아줄 수 있다는 점도 그런 이점 중의 하나다. 망할 기업은 빨리 망하게 하고 그곳에서 실패를 경험한 사람들이 조속히 재기할 수 있도록 한다면 국가재정의 낭비를 막을 수도 있다. 오늘날 정부는 다양한 금전 지원 시책을 편다. 다양한 현금 지원정책을 시행하는 국가는 목마른 기업에게 오아시스일 것이다. 하지만 공적 자금은 종종 망할 기업을 연명케 하는 링거 역할에 그친다. 국가재정으로 실패를 지연시킬 따름이다. 국가가 내려준 생명줄을 기업이 붙잡고 놓지 않으려는 까닭은 필경 실패로부터 재기하기 어렵기 때문일 것이다.

어떤 실패 인프라가 있어야 할까? 꽤나 어려운 질문이다. 찾아보면 개인파산 제도나 재교육 제도가 있을 것이고, 무엇보다 노동시장에서 새로운 일자리를 찾는 방법이 유력하겠다. 새로운 사업에 대한 의욕을 가짐으로써 각자 성공의 길을 찾아봄직하다. 하지만 이런 방법을 모색하기 이전에 한국 사회가 갖는 고유한 실패의 특성이 있으니 그것을 외면하지 않았으면 좋겠다. 목돈사회의 커다란 그림자가 활력을 짓누른다.

사업자 열 명 중 예닐곱은 망하거나 겨우 견딜 뿐이다. 어쩌면 그보다 더 많을지도 모른다. 창업을 한 홍길동은 열심히 일했다. 그러나 쌓아둔 현금이 없다. 집이 있다면 담보로 잡힐 것이다. 사업에 실패해서 처음부터 다시 시작한다면 주거보증금은 또 어느 세월에 마련할 것인가. 이것은 앞서 이야기했다. 한국에서 창업의 실패는 두 가지 색깔을 띤다. 흑색과 적색. 흑색 실패는 목돈을 처음부터 다시 마련해야 한다는 냉정함이다. 적색 실패는 그조차 불가능하게 만드는 잔인함이다. 우리 사회는 경영자 연대보증을 옹호한다. 창업자에 대해서는 투 트랙으로 목돈 게임이 진행된다. 경영자 연대보증은 사실상 사업을 하는 홍길동에게 '실패를 담보로' 목돈을 요구하는 것과 같다. 사업의 실패로 말미암아 '마이너스 목돈'을 떠안는다. 이것을 '적색 목돈'이라 표현하자. 기업의 빚이 개인의 빚으로 바뀐다. 반면 흑색 실패는 처음부터 다시 시작해야 한다는 것이다. 주거보증금 목돈은 모든 사람에게 보편적으로 요구하는 '흑색 목돈'이다. 창업자가 실패하는 경우 이중의 목돈 요구에 응해야 한다.

쉽게 말해서 홍길동이 실패로부터 재기하려면 사업 실패에 대한 경영자로서의 책임으로 빚을 갚아야 하는데, 여기에 더해서 사회가 보편적으로 요구하는 목돈도 마련해야 한다는 현실이다. 그것은 자녀의 등록금일 수도 있고, 결혼자금일 수도 있으며, 또 주거보증금이나 권리금일 수도 있다. 과도한 채무에 대해서는 개인파산 절차 등을 이용해서 출구를 찾을 수 있을지 모르겠다. 하지만 목돈 마련은 면책되기 어렵다. 이렇듯 목돈사회는 관용이 없고, 사업에 실패했다면 외국보다 훨씬 과중한 고통을 겪는다. 그런 고통이 실패로부터 재기를 더욱 어렵게 한다.

헌법은 '대한민국의 경제질서는 개인과 기업의 경제상의 자유와 창의를 존중함을 기본으로 한다.'(헌법 제119조)고 천명한다. 나는 개인이든 기업이든 한 번도 실패하지 않고 승승장구하는 자유와 창의를 거의 목격하지 못했다. 대부분 여러 번의 실패를 겪는다. 그리고 그 실패로부터 재기함으로써 자신의 자유와 창의를 실현한다. 어떤 실패는 자잘한 것이지만 어떤 실패는 치명적이다. 이런 차이는 매우 중요하다. 작은 실패인 경우는 개인과 기업이 자기 힘으로 재기한다. 국가의 도움이 필요 없다. 그러나 치명적인 실패인 경우 자력으로 재기하기 어렵다. 바로 여기에 헌법의 우산이 필요하다. 자력으로 재기할 수 없는 구조를 완화하거나 없애야 한다. 그것이 자유와 창의를 존중하는 경제, 말하자면 창조경제를 구현하는 길이다. 그러나 목돈사회는 개인의 힘을 억누르는 방식으로 경제상의 자유와 창의를 억압한다.

창업한 미국인이 실패하고 재기하는 경우에는 한국 사회처럼 이중의 목돈 부담을 짊어지지 않아도 된다. 한국에서는 목돈을 요구하지만 그 나라에서는 신용과 능력을 요구한다. 창업한 독일인이 실패하고 재기하는 경우에도, 실패한 이스라엘 기업이 그 나라에서 재기하는 경우에도 마찬가지다. 물론 외국 사회를 이상향처럼 찬양하려는 마음은 없다. 단지 외국 사회와 비교해서도 우리 사회가 너무나 비정상적이라는 것이고, 그 비정상의 장점을 찾을 수 없다는 이야기다. 한국은 그저 목돈을 많이 갖고 있는 개인에게 지나치게 유리한 사회여서 만약 누군가 한국 사회의 장점을 찾는다면 재산이 많은 사람에게 물어봐야 한다.

너무나 진부한 이야기이지만, 창업의 활성화는 실패에 대한 두려움이 없는 곳에서 더 크게 점화된다. 안타깝게도 창업자의 대다수는 실패한다. 당신이 실패했으므로 당신이 모두 책임지라고 말할 수도 있겠다. 그런 지적도 일리는 있다. 하지만 기업과 경영자 개인을 동일하게 취급하는 것은 국가와 대통령을 동일하게 취급하는 것과 같다. 예스럽고 권위적인 편견이다. 도산의 이유가 위법과 탈법에서 비롯된 것이라면 법의 규정에 따라 처벌하면 된다. 적법하게 경영해 왔는데도 실패했다면 기업의 책임이지 경영자 개인의 책임이라고 단죄할 수는 없다. 헌법은 개인과 기업을 구별하며, 민법 또한 개인과 법인을 별개의 인ㅅ으로 간주한다. 기업은 개인과 구별되는 법률행위의 주체가 된다. 개인과 기업의 이런 구별 논리가 아니더라도, '실패는 성공의 어머니'라는 초등학생도 아는 문장이 있다. 역사에 이름을 날린 그 숱한 사람 중에 실패와 좌절을 경험해보지 못한 이가 얼마나 있을까. 실패에 대한 관용, 이것이 인류사의 가르침이다. 재기는 할 수 있게 해줘야 하는 것 아닌가.

박근혜 정부는 집권 경제담론으로 '창조경제'를 꺼내들었다. 얼마나 아름다운 말인가. 창조라는 단어와 경제라는 단어가 합쳐져 하나의 슬로건이 만들어졌다. 이 정도의 작법은 칭찬할 만하다. 이명박 정부의 '지식경제'보다는 좀 더 구체적이며 지향성이 더 강하다. 우리 경제의 활력을 위해 창의성이 필요하다는 주장은 이미 곳곳에서 회자되어 왔다. 그저 단어의 의미만을 곧이곧대로 좇아 해석해보자. 창조경제라 함은 창의성이 우리 경제에 활력을 주는 시스템을 만들자는 것이고, 국가경제를 구성하는 정부, 기업, 개인이 저마다 창조적 활동으로 경제적 가치를 만들자는 게 이 슬로건의 요체가 되겠다. 그러나 목돈사회는 그게 가당치 않은 이야기라며 담담한 표정을 지을 뿐이다.

정부는 벤처기업의 활성화와 청년창업의 붐을 조성하겠다는 것으로 창조경제를 실천하는 모양이다. 2000년대 초반 벤처붐이 있었다. 대부분 몰락했다. 데자뷰? 아마도 그럴 것이다. 청년창업의 강조는 청년실업과 대비되면서 왠지 신선하기까지 하다. 청년실업을 해결하겠다는 정부의 의지를 보여주는 느낌도 있으니 일석이조가 되겠다. 그러나 '창조경제'를 하든 '경제창조'를 하든 한국 사회는 창업하기 좋은 나라가 아니다. 아이디어만으로는 역부족이다. 돈이 있어야 한다. 그러자 정부가 청년창업에만 수천억 원의 예산을 배정했다.[2] 투자를 활성화하고 지원하겠다는 것이다. 지원은 좋다. 다만 목돈사회의 비정함을 보지 못한다는 점에서 걱정스럽다.

창업한 회사를 걱정하는 게 아니다. 창업을 한 청년의 미래와 그를 지원한 가족이 걱정스럽다는 이야기다. 청년창업이 갖는 긍정적 의미는 무엇일까. 아마도 두 가지 의미가 있을 것 같다. 첫째, 극소수의 엘리트가 가져올 환상적인 미래에 대한 기대다. 창업 기업의 대부분은 망하겠지만, 일부 엘리트라도 성공해서 혁신을 일으키고 산업을 주도할 수 있지 않겠느냐는 일종의 낙수효과를 기대하는 발상이 아닐까. 재벌과 관료적인 문화가 거센 세상에서 과연 그럴 만한 꼬마 엘리트가 나올 가능성이 얼마나 클지는 알 수 없다. 그런 희망 어린 생각을 그대로 인정하더라도 망해서 두 손 내리는 수많은 기업은 어떤가. 극소수의 성공을 위한 정책은 국민 세금으로 운영되는 국가의 정책적 목표

---

[2] 2015년 정부예산안에는 청년창업 기업 지원을 위한 2,000억 원 규모의 펀드 조성, 청년 실패자의 빚 일부를 감면해주는 재무조정형 재창업 자금 예산 200억 원, 창업인턴제 예산 50억 원 등이 포함되어 있다(2014. 9. 18. 연합뉴스). 또한 중소기업청의 2015년도 창업지원 사업계획에는 창업자금 융자 1조 3,000억 원, 창업선도대학 육성과 청년창업사관학교 운영 등의 창업사업화 사업 1,613억 원 등의 예산이 포함되어 있다(2015. 2. 2. 매일경제신문).

가 되기에는 적합하지 않다. 그래서 청년창업의 두 번째 긍정적인 의미가 제시된다. 예쁘게 말하자면 실패를 창조적으로 조직한다는 것이다. 창업과 폐업은 동전의 양면이다. 창업이 의미를 갖는 것은 실패를 경험할 기회를 갖겠다는 것이고, 실패에서 얻어지는 경험과 교훈을 사회적 자산으로 삼아 재도전이 가능하도록 하자는 이야기다. 눈부신 성공은 그만큼 눈부신 실패를 먹고 자란다. 창업의 활성화는 곧 실패의 양산을 뜻한다. 이것은 정말로 맞는 말이다.

그렇다면 다시 똑같은 이야기를 반복할 수밖에 없다. 우리 사회는 실패를 조직해 다시 재기할 수 있는 사회인가. 청년창업은 창업자 개인의 인생에 있어 몹시 위험하다. 창업자는 실패하는 순간 앞서 말한 흑색 실패와 적색 실패를 대면한다. 결혼자금이나 주거보증금 따위의 흑색 목돈을 마련해야 하며, 또한 창업자 연대보증 채무라는 적색 목돈을 마련해야 한다. 다른 나라에서는 이런 무거운 짐을 동시에 짊어질 필요가 없지만, 한국에서는 그래야 한다. 만약 청년창업을 시도했다가 망하면 어떨까. 대개 수중에 현금이 별로 없다. 자칫 자식을 지원하다가 그 가족의 현금 여유를 상실할 수도 있다. 그렇지만 사회는 태평하게 실패했는지 성공했는지를 묻지 않고 그저 목돈을 요구한다.

이와 같이 목돈사회는 개인과 기업의 경제적인 자유와 창의성을, 그로부터 비롯되는 활력을 억누른다. 위험을 무릅쓰는 것은 진실로 위험하다. 창업은 도전과 용기를 독려한다. 하지만 목돈사회는 창업자의 미래를 위협할 것이다. 흑색 목돈이라는 칼과 적색 목돈이라는 감옥에 맞서야 한다. 청년창업의 환상이 파멸에 이를 때 우리 사회의 비정함을 사무치게 경험할 것이다. 반면 회사에 취직을 하면 당분간 망하지 않는다. 부모가 도와준다면, 누군가 투기를 재촉하지만 않는다면, 일정한 소득은 재정을 건전하게 만들어준다. 소득과 소비 대차대조가 분명하기 때문에 욕망을 적절히 통제할 수 있으며, 재정 설계가 가능하다. 그것에 비해 우리 사회에서의 창업은 사실상 도박이다. 운 좋게 성공한다면 정말로 좋은 일이다. 그러나 청년창업은 극히 소수를 제외하고 실패할 것이다. 목돈사회, 이 자체가 다른 나라에서는 볼 수 없는 지극히 농밀하고 창조적인 것이어서 여타의 창조성은 목돈 블랙홀에 빨려들고 만다. 한국에서 실리콘밸리는 가능하지 않다. 활력을 억누르는 목돈사회의 억압을 없애지 않는 한, 정부의 청년창업 정책은 거시적 성과를 거두기 힘들 것이다. 청년창업의 미래를 시급히 보호하고 시장의 활력을 찾길 당신이 정말로 원한다면 목돈사회여서는 안 된다.

2장
주거보증금의 문제

천문학적인 지하경제

주거보증금은 대한민국 특유의 지참금이다. 주거보증금은 주택 가격이 아니다. 주택 가격은 부동산을 시장에서 구입한 가격이다. 반면 주거보증금은 주택을 임차하면서 살되 그 대가로 목돈을 맡겨 놓는 사적 금융이다. 주택 소유자는 그 돈으로 금융이자를 얻고, 세입자는 월세 부담을 덜겠다는 제도였다. 이 제도가 유지되기 위해서는 조건이 있었다. 주택 소유자 입장에서는 금융이자 수익을 보장하는 은행 이율이 높아야 한다. 고금리 시대의 이야기다. 혹은 주택 가격이 계속 오를 것으로 기대되어야 한다. 투기 시대의 이야기다. 세입자의 입장에서는 전세보증금이 지나치게 높아서는 안 되고 임금소득은 낮아야 한다. 그리고 주거보증금은 은행에 있어야 한다. 하지만 다 옛날 이야기다. 지금은 젊은 세대를 핍박하고 사회를 좀먹는 거대한 지하경제에 관한 이야기다. 그 돈은 본디 은행에 있어야 하는데 정말로 은행에 있기는 한 것인가?

목돈사회는 지하경제 사회다. 지하경제는 누구도 그 분명한 통계를 모른다. 추정만으로 그 위력을 셈할 따름이다. 그곳은 과세를 모르며 정부가 함부로 들어올 수 없다. 범죄, 마약, 도박, 매춘, 분식 회계 이야기가 아니다. 불법과 음지의 지하경제가 아니다. 목 좋은 곳에서 세세토록 광합성을 하는 양지의 지하경제 이야기다. 생산에 아무런 도움을 주지 못하면서 개인의 자유를 위협하며 사회적 가치를 지워버리는 경제 이야기다. 한국에서 고전경제학은 고립무원에 빠지며, 온갖 사상은 길을 잃는다. 지식인은 지식을 탐구하나 이 사회의 현실을 보지 못한다. 시인은 사물의 그림자를 한탄하지만 그 사물을 보지 못한다. 주거보증금 제도가 어떻게 얼마나 큰 괴물이 되었는지 누구도 이야기를 하지 않는다.

2013년 7월 7일자 「연합뉴스」 기사에 따르면 한국의 주택 전세보증금 총액은 물경 1,300조 원에 이른다고 한다.[1] 여기에 반전세, 즉 보증금부 월세의 주거보증금을 더해야 한다. 전국 주택매매가격 시가총액이 2,200조 원이라고 볼 때, 목돈사회의 주거보증금 규모는 1,300조 원과 2,200조 원 사이 어딘가로 추정할 수도 있다. 그러나 신뢰할 만한 통계인지는 모르겠다. 조사기관마다 규모가 다르기 때문이다. 주거보증금에 관한 통계의 편차는 상식을 초월한다. 어떤 통계에 따르면 전세보증금 총액 추

---

[1] 2013. 7. 7. 「연합뉴스」 '전세가 급등, 매물 품귀… 전세대란 우려' 기사는 "전세가 상승으로 전국 주택의 전세가격 시가총액은 보수적으로 잡아 1,300조 원 내외로 추정되고 있다. 이는 현재 2,200조 원 안팎의 주택 매매가격 시가총액의 절반 수준이다."라고 보도했다.

정치가 340조 원이다.[2] 1,000조 원의 오차다. 엄청난 사회적 대립과 불신을 가져온 4대강 사업의 예산이 22조 원에 불과하다. 오랫동안 사회적 이슈가 되어왔던 대학등록금 문제의 경우 매년 5조 원의 예산이면 해결할 수 있다. 어떤 조사에 따르면 8조 원이면 무상의료도 실시할 수 있다고 한다. 전세보증금 오차가 어느 정도의 규모인지를 능히 체감할 수 있다. 오차가 1,000조 원을 넘으며, 그 실태를 명료하게 어림할 수도 없다.

국가가 추정만 하고 정확히 실태를 파악하지 못하는 경제를 우리는 지하경제라 부른다. 목돈자본주의는 천문학적인 지하경제라는 토대 위에 서 있다. 대한민국 정부의 2014년도 예산은 357조 7,000억 원이다. 앞서 소개한 「연합뉴스」 통계에 따르면 주거보증금 규모는 대한민국 정부 1년 예산의 5배를 넘는다. 2012년 국내총생산 명목 GDP는 1,272조 원이다. 주거보증금 규모가 국내총생산보다 더 크다는 이야기다. 1,000조 원을 넘는 국가 부채를 모두 해결하고도 많이 남을 돈이다. 우리가 상상하는 대부분의 복지를 이루고도 남는다. 이런 엄청난 규모의 돈을 주거보증금으로 쌓아둔 나라 이야기는 들어본 적이 없다. 주택을 구입하려고 쓴 돈이 아니라 단순히 주택에 거주하기 위해 '어딘가에 맡긴' 돈이다. 그 어디가 어디인지 알 수는 없으나 어쨌든 어딘가에 맡긴 돈이다. 그 어떤 자본주의 사회에서도 이런 천문

---

2 2013. 5. KB 금융지주 경영연구소 발행, CEO Report 2013-03

학적인 목돈을 쌓아두지 않는다.

　수많은 사람이 글을 쓰고 시민운동을 하고 사회 개혁을 위해 힘써도 좀처럼 사회가 개선되지 않는 까닭은 무엇일까? 진보는 무능하고 보수는 부패하다는 지적은 양 진영에 있는 사람들이 똑똑하지 못해서가 아닐 터다. 그들은 충분히 똑똑하고 명석하겠지만 그들의 지식이 이 세계에서 벗어나 있기 때문은 아닐까. 우리 사회는 지식인이 논설하고 비판하는 서구 자본주의와는 크게 다르다. 자본주의에 대한 여러 가지 평론은 외국에서는 옳을지 모르지만, 우리나라에서는 그렇지 않다. 개혁가들의 머릿속에 건축되어 있는 사회구조는 그것이 비판적인 사회 모순이든 대안적인 청사진이든 우리 현실과는 상당히 어긋나 있다. 천문학적인 지하경제를 국가 주거정책의 '정상적인' 토대로 삼는 사회를 들어본 적이 없다. 반면 한국에서는 주거보증금이라는 강력한 토대 위에 국가의 주거정책이 놓인다. 사람들은 이를 당연히 여기며, 심지어 이를 서민에 이로운 제도라며 칭송하는 사람도 흔하다. 그러나 다시 생각해보자.

　주택 가격은 사회의 생산성 지수에 직접 영향을 주지는 못한다. 그러나 주택을 담보로 대출해 얻은 돈을 사업자금으로 투자할 수도 있고, 집을 팔아서 생산적인 시도를 할 수 있다는 점을 고려한다면, 어쩌면 주택 가격은 어느 정도 생산성을 띨지도 모르겠다. 주거보증금은 다르다. 이것은 그저 묶인 돈이다. 사회의 활력과 생산성에 아무런 기여를 하지 못한다. 사회적 존재로서 한국인의 태생적 책무는 목돈 마련이다. 이 사회에서 '정상적으로' 살아가려면 주거지가 필요하다. 주거지를 구하기 위해 한국인은 보증금이라는 목돈을 준비해야 한다. 물론 부자라면 굳이 보증금을 마련할 필요가 없고 주택을 그저 구입하면 되겠으나, 중산층이나 서민은 주택 구입의 징검다리로 남의 소유 주택을 빌려야 하며, 그때 필요한 보증금은 일종의 사회적 과세가 된다. 부자만이 면책될 수 있으며 서민에게만 고유하게 부여되는 한국 특유의 사회적 과세다.

하지만 주거보증금은 마약으로 작동한다. 집주인으로 하여금 투기하도록 유혹한다. 그것은 양귀비다. 임차인에게는 월세 부담이 적어지지 않느냐며 계산기 하나를 툭 던진다. 임차인이 계산기를 두드리며 월세 부담 경감 비율을 계산하는 동안, 주거보증금은 개인의 자유, 용기, 활력을 빨아들인다. 보통의 노동만으로는, 그리고 통상의 소득만으로는 그런 보증금을 구하기 힘들다. 사람들은 저마다 인내하면서 목돈에 몰입한다. 함부로 소비할 수 없고 좀처럼 저축하기 어려워서 빚에 의존한다. 그러면 그럴수록 스스로 속박을 택한다. 특히 청년 세대는 스스로의 힘으로 주거보증금을 마련할 수 없다. 100만 원의 목돈이 아니라, 1,000만 원, 1억 원의 목돈을 요구하기 때문이다. 가족 동원령을 내리거나 은행을 찾아야 한다. 부모와 가족의 재산과 무관한, 개인의 경제적 자립은 주거보증금 제도로 말미암아 요원해진다. 주거보증금이 한 집 한 집 이 나라를 배회하고 휩쓸어서 목돈사회의 지하경제가 완성되었다. 정부의 예산보다, 국가의 총생산보다 훨씬 큰 규모의 지하경제를 말이다.

지하경제는 국가가 합리적인 기획하에 만들고 통제하는 경제가 아니다. 국민 한 사람 한 사람이 목돈을 선동했으며 동원되었다. 목돈게임에서는 돈놀이 외에는 어떤 합리성도 없다. 강요하거나 강요되면서 목돈사회를 완성했다. 이것이 곧 한국식 자본주의다. 사람들은 배운 대로 본다. 좌파든 우파든 전통적인 경제학을 배운 식자들은 지상의 경제에 대해 말하며 논쟁한다. 이쪽이든 저쪽이든 경청할 만하다. 하지만 목돈사회 지하경제에 대해 말하는 사람은 없다. 목돈사회의 지하경제는 목돈을 가지지 못한 연약한 사람들의 비명을 먹고 자란다. 정치는 이 비명을 외면한다. 그것이 틀림없는 약자의 비명임에도 정치는 침묵한다. 중산층과 서민을 대변한다는 정치인이나 사회운동가조차 이 비명을 외면한다. 사람들은 한결같이 주거보증금 제도를 당연시한다. 기껏해야 전세보증금의 등락에 대해 논평할 뿐이다. 전세제도에서 월세제도로의 전이가 보증금부 월세라는 가장 나쁜 방식으로 이뤄지고 있어도, 통계와 추세를 그래프로 예쁘게 보여줄 뿐 누구도 이 문제를 심각하게 거론하지 않는다. 다른 나라에서는 하지 않을 비합리성을 오랫동안 옹호하면서 우리식 문화를 만들면 후유증은 반드시 생긴다.

대한민국의 자살률은 OECD 국가 중 가장 높다. 2010년 OECD 회원국의 자살에 의한 평균 사망률은 인구 10만 명당 12.8명이다. 우리나라는 그 2배를 넘는다. 출산율도 OECD 회원국 중 가장 낮다. 만혼과 비혼이 증가하며 아이를 낳지 않는다. 노동시간은 세계 최고 수준임에도 빈곤율은 여전히 높다. 사교육비 부담률은 1위다. 사는 게 팍팍하다. 인심도 나쁘다. OECD 통계는 다른 나라에 비해 관용과 배려가 없다고 말한다. 우리나라의 사회통합지수는 2009년 기준 30개 회원국 중 24위이며,[3] 관용사회지수는 꼴찌다. 정치참여도를 나타내는 투표율은 최하위다. 이상한 나라가 되었다.

문제를 인식하고 개선하려면 그 실상을 명료하게 알아야 한다. 실상을 파악해야 그것에 걸맞은 대책을 마련할 수 있는 법이다. 전세와 보증금 제도가 국민생활에 미치는 영향이 매우 크다면 마땅히 정확한 실태 파악이 필요하다. 우리 고유의 제도여서 참고할 수 있는 외국 사례가 없다면 더욱 그러하다. 앞서 말한 것처럼, 전세와 월세에 관한 이 나라의 통계는 추정치에 불과하다. 현황 파악조차 안 되어 있다는 사실이 놀랍다. 긴 세월 동안 정부와 관료와 정치인은 무엇을 했던 것일까? 표본조사를 통해 추정하는 통계가 아니라, 인프라에 의해 정확하게 파악되는 데

---

3 2014. 1. 8. 「조선일보」, '관용 없는 한국 사회, 사회통합지수 OECD 하위권'

이터베이스가 필요하다. 국가는 인프라로 말한다.

현대 국가의 수준은 그 국가가 갖고 있는 정보의 질에 의해 정해질 수 있다. 보유하고 있는 정보의 규모와 정확함에 의해 그 국가의 능력을 가늠할 수 있다. 국가가 보유하는 정보의 양질이 곧 그 국가의 역량이다. 또한 국가에 대해 정보 구축의 필요성을 제기하는 목소리의 성량과 국가가 보유하고 있는 정보에 대한 접근성이 용이한지 여부는 그 사회의 민주주의 수준을 결정한다. 주거보증금 제도의 심각성은 국가적 차원에서는 제대로 인식되지 못했다. 시민사회도 외면했다. 도대체 전세보증금의 규모가 어느 정도인지, 그리고 보증금부 월세인 경우 보증금과 월세의 규모가 정확히 어느 정도 되는지를 이 나라에서는 아무도 모른다. 보증금은 서민에게는 고통을 초래하고 국가경제에 막대한 영향을 미친다. 그럼에도 설문조사로부터 얻은 결과를 통계적으로 연산해 그 규모와 실태를 추정할 뿐이다. 데이터베이스가 존재하지 않는다. 정보랄 게 없다.

KB금융지주 경영연구소의 보고서에 따르면, 전국의 전세보증금 총액은 2010년 인구주택총조사를 기준으로 산출했을 때 약 290조 원으로 추정되었으나[4] 2013년 3월 기준 18%의 전세변동률을 감안해 그 시점에서 약 340조 원 수준이라고 추정한

---

4 전세보증금은 2010년 인구주택총조사(10% 표본)를 통해 확인된 지역별, 주택유형별 평균 전세가격에 지역별 가구수를 곱하는 방식으로 산출되었다.

다. 이것을 '기준 1'이라고 하자. 앞서 말한 2013년 7월 「연합뉴스」 보도에 따르면 전국 주택의 전세 총액은 '보수적으로 잡아' 1,300조 원 내외로 추정되고, 이는 2,200조 원 안팎인 주택 매매가격 시가총액의 절반 수준이다. 기준 1과 비교해 거의 1,000조 원의 차이가 있다. 하나금융경영연구소의 금융시장 모니터는 2011년 7월 기준 전세 시가총액은 907조 원이라고 말한다.[5] 이것은 2011년 기준이므로 2013년까지 전세가액이 지속적으로 상승한 점을 감안하면 「연합뉴스」의 보도와 비슷한 통계로 여겨진다. 주택산업연구원은 2013년 2월 기준 전국 전세 시가총액은 726조 원이라고 발표했다.[6] 기준 1과 비교해 물경 280조 원의 차이가 생긴다. 부동산 114는 2012년 말 전세 시가총액은 약 720조 원이라고 2013년 1월 발표했다.[7] 주택산업연구원의 통계와 부동산 114의 통계는 거의 동일한 출처에 바탕을 두었을 것으로 본다. 한편, 경기개발연구원은 최근 보고서를 통해 전국 전세보증금 총액은 2012년 기준 466조 원에 이르며 전세보증금 총액은 지속적으로 증가하는 추세에 있다고 보고한다.[8] 기준 1 대비 126조 원이 더 많다. 이와 같이 전세보증금의 규모에 대해 아무도 그 정확함을 알지 못한다. 조사기관마다 오차가 크다. 오차가

---

5 2011. 8. 하나금융경제연구소 제1권 제18호
6 2013. 3. 7. 주택산업연구원, 〈전월세시장 전망과 리스크〉
7 2013. 1. 16. 「노컷뉴스」, 〈전세시총 4년새 248조〉에서 재인용
8 2014. 4. 30. 경기개발연구원 〈이슈&진단〉 '다가오는 월세 시대: 쟁점과 과제'

상식을 초월한다.

　수십 년 동안 전세보증금의 규모에 관해 신뢰할 만한 실태 파악이 제대로 이루어지지 않았던 것이다. 보증금의 규모를 정확히 파악할 수 없다는 현실을 고려할 때 임차인의 월세 지출 규모도 제대로 파악되지 못하고 있을 것이다. 한 나라의 경제를 책임지는 정부조차 정확한 실태 파악을 하지 못한 현실은 그동안 우리 사회 모든 성원이 목돈사회의 심각성을 간과해왔다는 점을 대변한다. 전세보증금이 지속적으로 상승하면서 월세보증금도 동반 상승하고 있거니와 매월 지불해야 하는 월세 부담 또한 증가하고 있다. 이런 사회에 살고 있는 많은 사람들의 고통은 장기간에 걸쳐 가중되었다. 반면 정책과 정치는 이를 외면해왔다.

　국가가 정책을 입안하고 실행함에 있어 두루뭉술하게 할 수는 없는 노릇이다. 반듯하고 적확하게 정책을 입안하고 실천하고 싶어도 현실을 분명하고 정확하게 파악하지 못한다면 국가의 정책은 두루뭉술해질 수밖에 없다. 이 책이 말하고자 하는 메시지는 간명하다. 어떤 사회에서든 개인의 활력이 필요하며 이를 위해서라도 아이들은 성인이 되어서 자립하기 쉬워야 한다. 목돈사회는 그런 가치를 외면하고 핍박한다. 우리가 가치를 논하는 까닭은 더 나은 현실을 만들기 위함이다. 그러기 위해서라도 현실에 대한 정확한 분석과 진단이 필요하다. 대체 우리 사회의 주거보증금 규모는 어느 정도일까?

물론 '탈목돈사회'가 이상적인 사회를 뜻하는 것은 아니다. 경제적 자립이 쉬운 사회를 일단 만들어보자는 것에 그친다. 사회는 개인에게 성실한 노동만을 요구해야지, 거기에 더해서 개인의 능력을 초월한 목돈을 요구해서는 안 된다. 그런 자본주의 사회는 한국 외에는 없다. 다만 이 문제가 오랜 세월에 걸쳐서 축적된 경제 문화의 소산이라면 시간이 걸릴 것이고 더 큰 지혜가 필요할 터다. 그러므로 정확한 현실 파악이 필요하다. 설령 목돈사회의 굴레를 끊어내자는 주장이 아니더라도 천문학적인 지하경제를 방치할 수는 없다. 주거보증금 규모는 국가 예산보다 혹은 국가의 GDP보다 더 많을 것으로 추정되고 있는 상황이다. 아무도 그 정확한 실태를 모른다.

정확한 실태 파악을 기획하는 사람들을 위해 몇 가지 방법을 여기에 기록한다. 국가적 차원의 보증금 데이터베이스를 구축하자는 이야기가 되겠다. 이런 이야기가 정답이 아니어도 좋다. 다만 정책입안자의 상상력을 자극해 더 좋은 방안이 나올 수 있다면 그 자체로 생산적인 담론이다.

데이터베이스 구축 작업은 온전히 국가만이 할 수 있다(시장과 시민단체가 지니고 있는 정보로는 지금처럼 그저 설문조사와 추정만 할 수 있을 뿐이다.). 무엇이 참이고 무엇이 거짓이며, 무엇이 사실이고 무엇이 허구인지, 무엇이 심각하며 얼마나 위험한지를 가늠하려면 우리는 한 움큼의 정보가 필요하다. 투명하고 정확하며 신속하게 구할 수 있는 정보가 필요하다. 포털에서 검색해 얻는 정보가 아니라, SNS를 통해 유통되는 정보가 아니라, 국가의 공적이고 신뢰성 높은 정보가 필요하다. 그런 것을 가능하게 하는 시스템이 결국 '정보민주주의'의 알맹이다. 국가는 정보를 정확하고 투명하게 데이터베이스로 구축하고, 개인은 국가의 정보 데이터베이스에 쉽게 접근하는 것, 그것이야말로 정보민주주의로 가는 첩경이라고 나는 생각한다.

하지만 앞서 말한 것처럼 국민의 주거보증금에 관련한 정보는 충실하게 구축되어 있지 않다. 임차인은 주거보증금을 돌려받기 위해 전세권을 설정하거나 확정일자를 등록한다. 믿기 어려운 일이지만 대법원은 전세보증금에 대한 확실한 데이터베이스를 구축하고 있지 않다. 그저 부동산등기부마다 전세권 설정 금액을 기입해 놓기만 했을 뿐이지, 전세금 규모에 대한 정확한 데이터베이스를 갖추지 못하고 있는 형편이다. 정부도 마찬가지다. 이것이 대한민국의 현주소이며 우리의 역량이다. 물론 이런저런 방대한 양의 공공 정보는 어딘가에 흩어져서 저장되어 있기는 하겠지만 그것은 어디까지나 점에 그치지 다른 점들과 연결되어 있지 못하다. 개인에 대한 데이터일 뿐 사회적 의미를 갖는 데이터베이스는 아니다.

데이터베이스 구축을 위해 세 가지 루트를 생각할 수 있다. 첫 번째, 대법원을 거치는 루트다. 전세권을 설정할 때 전세금을 기재한다. 전세권 설정은 대법원 소속의 등기소에 등록된다. 대법원에서 개인별 데이터를 취합해 전세금 데이터베이스를 구축한다(데이터베이스 1). 주택에 설정된 전세보증금은 사적으로 보호해야 할 개인정보도 아니다. 현재도 누구든지 소액결제를 통해 타인의 부동산등기부를 열람할 수 있다. 부동산등기부에 기재되어 있는 전세보증금에 대한 정보를 취합하는 것이 데이터베이스 1의 내용이며, 일종의 거대한 엑셀 파일을 작성하는 일이다. 시간이 걸릴 수는 있어도 어려울 게 없는 작업이다.

두 번째, 행정기관을 거치는 루트다. 전입신고를 할 때 임차인은 주택임대차보호법에 의한 확정일자를 받는다. 여기서 작업을 추가한다. 확정일자를 받기 위해 제출되는 임대차 계약서에는 주거보증금과 월세금액이 적혀 있다. 그 금액을 국가 행정망에 기입하도록 하여 데이터베이스를 구축한다(데이터베이스 2). 대법원의 경우에는 부동산등기부라는 항상 존재하고 유효한 문서가 있어서 시스템 구축이 쉬운 환경이지만, 국가 행정망은 다르다. 보유하고 있는 데이터가 없으며, 그것을 기재할 프로그램이 없는 까닭에 국가 행정망을 보완하는 시스템 작업이 필요하다. 하지만 기술적으로 워낙 간단한 작업이므로 국가가 발주만 하면 수완 좋은 소프트웨어 기업이 여럿 나설 것이다.

세 번째, 시장에서의 루트를 촉발하는 것이다. 말하자면 공인중개사가 등록하는 루트를 개발한다. 국가가 거래공인 사이트를 구축한 다음에, 공인중개사가 임대차 계약을 중개할 때 의무적으로 거래공인 사이트에 접속해 주소지를 적고 보증금과 월세를 등록하도록 한다. 허위 사실을 기재하거나 미기재하면 엄격한 징계 규정을 포함하는 것도 검토해볼 만하다. 그러면 자연스럽게 데이터베이스가 구축된다(데이터베이스 3).

데이터베이스 1은 순수 전세에 대한 데이터만 갖게 되는 단점이 있다. 월세보증금은 데이터베이스 1에 기록되지 못할 것이다. 데이터베이스 2는 순수 전세에 대한 데이터를 가지지 못할 수 있다. 전세금의 경우에도 확정일자를 받을 수 있겠으나 등기소에서 물권설정만으로도 족할 수 있기 때문이다. 또한 데이터베이스 2는 보증금이 없는 순수 월세에 대한 데이터도 보유하지 못할 것이다. 확정일자 제도는 임차인의 보증금을 보호하기 위한 목적으로 만들어졌기 때문이다. 데이터베이스 3은 임대차 계약 즉시 그것을 중개하는 공인중개사의 데이터 업로드에 의해 구축되기 때문에 매우 효과적이지만 중개인 없이 계약하는 경우를 막기는 어렵다. 그렇지만 이렇게 세 가지 루트로 각각 별개로 구축된 데이터베이스를 시스템적으로 서로 연계한다면 거의 정확한 국가 데이터베이스를 보유할 수 있게 된다. 세 개의 대규모 데이터베이스를 비교하거나 통합함으로써 국가 보증금 데이터베이스와 국가 월세 데이터베이스를 신뢰할 만한 수준으로 구축할 수 있기 때문에 정확한 실태 파악이 가능해진다. 현대의 국가 인프라는 모호한 설문조사가 아니라 정확한 데이터베이스를 기반으로 해야 한다. 그것도 국가경제와 국민생활에 거대한 영향을 미치는 것에 관한 것이라면 더욱 그러하다.

최근 정부는 임차인의 월세에 대해 소득공제가 아닌 세액공제를 해주겠다고 발표하면서, 국세청에 주택 월세를 자진 신고하라고 독촉한다. 세금 혜택을 줄 테니 임차인으로 하여금 어서 와서 어느 정도 월세를 내고 있는지 자발적으로 신고하라는 정책이기도 하다. 통계를 만들기 위한 시도라고 여겨지지만 불충분하다. 아니 문제가 있다. 데이터베이스 구축의 주체가 특히 문제다. 데이터베이스를 구축하는 루트를 국세청이 담당하도록 함으로써 '세금 블랙홀'을 호명한다. 과세정책은 늘 불안과 공포와 저항감을 불러온다. 그런 심리 상태가 정책의 다른 유의미성을 포식하고 만다. 부자들의 역습과 임대인의 반발을 가볍게 여기면 안 된다. 실제로도 정부의 발표는 임대인에 대한 과세정책이라는 논란을 일으켰다. 저항은 정책을 크게 후퇴시켰다. 게다가 혜택의 대상을 제한함으로써 데이터베이스 구축의 효용성을 떨어뜨리고 말았다. 무주택일 것, 작은 규모의 주택일 것, 근로소득자일 것, 급여는 많지 않을 것 등의 제한 요건을 함께 연계해버린 것이다. 주택이 있는 임차인, 큰 규모의 주택에서의 임대차, 자영업자, 고소득 근로소득자에 대한 데이터는 제외될 수 있다. 부실한 통계가 만들어진다.

더 좋은 길이 있다면 그 길에 시선을 돌리는 것이 좋다. 책임 있는 국가 정책을 우리가 원한다면 논란과 부실을 일부러 조장할 필요도 없다. 논란은 왜곡을 부르고 부실은 눈을 멀게 한다. 따라서 데이터베이스 구축을 우리가 진실로 원하고 실행하려 한다면, 굳이 국세청을 주거보증금 및 월세 금액에 관한 데이터베이스 구축 작업의 주체로 삼을 이유는 없다. 과세는 나중 문제다. 앞서 말한 데이터베이스 1, 데이터베이스 2, 데이터베이스 3이 구축되어 실태가 투명하게 파악되면 과세는 언제든지 할 수 있다. 굳이 데이터베이스 구축을 위해 국민에게 혜택을 주지 않아도 된다.

주거보증금이 해로운 여섯 가지 이유

전세제도는 조선시대 중엽의 농지 전당제도로부터 유래되었다고 전해진다. 토호들이 토지 문서를 전당 잡아 사용해 그 수익을 이자로 충당하고 나머지 이자를 채무자가 갚지 못하면 해당 토지의 소유권을 빼앗는 토지 수탈이 발생했다고 한다.[9] 이것이 개항 이후 조선 후기로 와서는 세입자가 거주하는 가사 전당 방식으로 변형되었다. 이것이 전세 관습으로 형성되었다는 것이다. 그리고 해방 후 1958년 민법 개정을 통해 전세권으로 법제화되었다. 조선시대의 농지 전당제도는 채권자에게 일방적으로 유리했다. 그러나 전세제도는 가옥주와 세입자(채권자) 모두에게 상호이익이 되었던 것으로 평가된다. 현대 한국의 전세제도는 고유한 주거 문화로만 바라볼 수는 없다. 경제사적 관점이 필요하다. 서구 자본주의와 달리 한국에서는 금융기관의 발전이 늦었다. 주택 담보로 은행에서 돈을 빌리기 어려운 시절에 타인에게 주거지를 제공하고 그 대가로 돈을 빌렸던 것이다. 전세가 소유

---

9 조선왕조실록 숙종 35년 7월 5일 기록. 경기개발연구원 〈이슈&진단〉 2013. 9. 11. No.112 '존폐 기로의 전세제도'에서 재인용

자에게는 사금융 기능을 했고, 세입자에게는 주거의 목적을 달성해줬으므로 쌍방이 이익을 보았다고 여겨졌다.

금전 거래만 놓고 보자면 세입자가 소유자에게 '사금융'으로 돈을 빌려준 것이다. 반면 가옥의 관점에서는 소유자가 임대인이 되고 세입자가 임차인이 된다. 채권채무 관계가 이중적이다. 임대인은 임차인의 대여금에 대해 이자 지불이 면제된다. 임차인은 월세 지급이 면제된다. 임대인은 이자 없는 사금융을 이용해 수익 활동을 한다. 임차인은 주택 구입의 징검다리로 전세제도를 활용한다. 목돈을 전세금으로 저장해둔 다음에 다시 저축해 마련한 목돈을 더해서 집을 구입한다는 단계적 사고가 한국 사회에서는 상식으로 통했다. 채권자의 지위보다는 세입자의 소유 욕망이 더 컸다. 주택 가격과 전세금이 높지 않았을 때에는 전세제도가 서민을 위한 제도였을지도 모르겠다. 어쨌거나 부끄러울 이유 없는 우리 고유의 문화로 인식되었다. 이런 인식은 여전하다. 지식인도 정치인도 전세제도가 서민을 위한 제도라는 사실에 대해 의문을 품지 않는다. 전세보증금의 상승을 한탄할 뿐이다. 그러나 과연 그럴까?

전세제도는 한국 사회만의 독특한 제도다. 다른 나라에는 없다. 그렇다면 다른 나라에는 무엇이 있을까? 보증금이 없는 순수 월세가 있다(물론 소액의 보증금이 나라마다 있지만 그 목적에 한국처럼 사금융의 성격이 없고 또한 금액 자체가 임차인에게 부담을 초래할 정도가 아니기 때문에 보증금이 있다고 하더라도 한국의 보증금과는 성격과 크기가 전혀 다르다.). 전세제도가 서민을 위한 제도라면 어째서 다른 나라에는 없고 한국에만 있는가? 전세보증금 제도가 정말 서민을 위한 것이라면 다른 나라에서도 수입할 만하지 않겠는가? 하지만 서구사회가 한국의 전세보증금 제도를 참조해 주거정책의 변화를 시도했다는 이야기는 들어본 적이 없다. 그렇다면 거액의 보증금을 임대인에게 맡기는 이 전세보증금 제도에 큰 문제가 있는 것은 아닐까? 한국인만 모르는 심각한 결함이 있는 것은 아닌지 의심해봄 직하지 않은가?

사람들은 전세보증금의 장점으로 매월 임대료를 내지 않는다는 점을 든다. 외국에서는 월세 부담이 매우 심한데 그것에 비하면 수입이 많지 않은 서민에게 유리하다는 이야기다. 착시 현상이다. 수입이 많지 않은 서민이라면 전세보증금 목돈을 마련하는 것 자체도 매우 어려운 일이다. 전세보증금의 본질은 '사금융'에 있다. 임차인이 임대인한테 목돈을 빌려준 것이다. 가난한 사람이 좀 더 형편이 좋은 사람에게 돈을 빌려주는 것은 전혀 자본주의적이지 않다. 예컨대 세입자 임꺽정이 집주인 홍길동에게 1억 원의 돈을 빌려줬지만 이자를 받지는 않는다. 이 또한 자본주의 원리에 맞지 않는다. 자본주의 합리성 관점에서는 아주 이상한 제도다.

합리성을 버린 대가는 무상으로(전세) 혹은 저렴하게(반전세)

주거 생활을 할 수 있다는 점인데, 얼핏 설득력이 있는 것처럼 보인다. 1억 원을 은행에 저축했을 때 얻는 이자보다 월세 금액이 경감되는 이익이 더 크다. 목돈을 은행에 저축하느니 보증금조로 임대인에게 맡겨두는 것이 합리적이라는 것이다. 이런 식의 계산기 두드리기 합리성에 한국인 전체가 속고 말았다. 여러 세대를 거치면서 비유하자면 유전자 차원의 착오가 발생했다. 냉정하게 생각해보자.

한국인들의 그와 같은 '보통 사고'에는 이율 계산만 있을 뿐 거기에 인간이라는 존재는 없다. 이 계산의 필수적인 전제는 '임꺽정이 1억 원의 목돈을 가지고 있어야 한다.'는 사실이다. 1억 원이라는 돈에는 화폐만 있는 게 아니다. 그 1억 원을 마련한 혹은 마련하려는 임꺽정이라는 한 인간이 있다. 자본주의답게 생각하자. 임꺽정은 직장에서 성실히 일을 할 것이며, 생활비를 제외하고 임금 중 일정 금액을 저축할 것이다. 하루아침에 될 일이 아니다. 1억 원이라는 돈에는 한 인간의 노동, 시간, 절제, 관계, 기회가 들어있다. 오랜 노동과 인내한 긴 시간이 거기에 있다. 장차의 주거지를 위해 절제하고, 좋은 기회를 포기하고, 사회활동을 스스로 통제하면서 목돈을 마련했을 것이다. 지나치게 인내하지 말고 차라리 자기가 꼭 해보고 싶었던 것을 해보거나 여유를 갖고 즐기면서 살았다면 어땠을까? 삶이 좀 더 나아졌을지도 모른다. 만약 임꺽정 개인의 성실한 노동으로는 1억 원의 목돈을 저축할 수 없다면 어떻게 될까? 그렇다면 순수 월세로 살아야 한다. 당연한 이야기다. 그런데 이런 상황에서 순수 월세가 거의 없다면 어떻게 되는가? 다른 곳도 모두 주거보증금을 요구하는 것이다. 임꺽정의 개인 능력으로는 주거할 곳을 구하지 못하게 된다. 그래서 아주 특별한 사금융기관을 찾는다. 이 기관은 담보와 신용을 따지지 않는다. 그것은 바로 가족이다. 한국 사회에서 가족이야말로 가장 온정적인 미소금융기관이다. 누구나 하나씩 금융기관을 끼고 산다. 그 기관이 연약하다면 은행에 의지할 수밖에 없을 터다.

이율의 유리함을 찬미하는 계산기 두드리기 합리성은 전세보증금이 작아야만 납득될 수 있다.[10] 개인의 성실한 노동 능력에 닿을 수 있을 정도의 금액이었을 때라면 모르겠다. 오늘날 전세보증금은 개인의 능력을 초월한다. 무엇보다 옛날과 달리 금융제도가 눈부시게 발전했다. 금융기관은 매우 많다. 임대인은 은행에서 돈을 빌릴 수 있다. 이는 매우 중요한 사실이다. 부동산 소유자는 담보대출로 은행에서 충분히 대출을 받을 수 있다. 은행이 아니라 꼭 임차인에게 돈을 빌려야 한다면 그것은 극히 예외적인 일이어야 한다(물론 한국에서는 보편적이다.). 강자가 약자한테 돈을 빌리는 사회를 나는 들어본 적이 없다. 보증금의 액수가 커지면 커질수록 전세보증금은 서민을 더욱 핍박한다. 이처럼 전

---

10 이것이 어른 세대의 역사적 특권이었다.

세제도, 즉 주거보증금 제도는 합리적이지 못하다. 계산기의 합리성 뒤에 숨어있지만 실은 매우 해로운 제도다. 주거보증금 제도가 어떤 면에서 해로운 것인지 이제부터 따진다. 주거보증금을 요구하는 제도로 대표적인 것이 전세제도, 즉 순수 전세다. 그리고 최근 급격히 늘어나고 있는 반전세도 있다. 반전세는 월세와 주거보증금을 동시에 요구하는 제도다. 순수 월세와 비교해서 생각하면 도움이 될 것 같다. 그러면 자연스럽게 외국 사회가 어째서 순수 월세 임대주택 인프라를 채택하는지 알 수 있다.

첫째, 주거보증금은 자본주의 정신에 반한다. 자본주의는 개인의 성실한 노동을 전제로 축조되었다. 신분제 봉건사회를 무너뜨리고 개인의 자유를 확립함으로써 자본주의가 만들어졌다. 항상 그런 것은 아니었지만 개인은 신분에 속박되지 않고 자유롭게 일자리를 선택할 수 있으며, 직장을 구하면 가족으로부터 자립할 수 있었다. 한편으로는 자본가와 노동자의 격렬한 계급 대립이 있었다. 그러나 노력하려는 의지가 있고 일자리가 있다면, 큰 부자가 되지는 못하더라도 개인의 삶을 스스로 개선시킬 수는 있었다. 개인은 사회 구성의 최소 단위가 되었으며 그것이 곧 헌법의 초석이 되었다. 자기가 어떤 단체에 속하든 개인은 자유롭게 사상, 종교, 정치의식, 취향을 지닐 수 있으며, 그것에 대한 침해는 헌법에 대한 도전으로 간주되었다. 그런 점에서 자본주의는 개인주의다. 개인이 나약하면 그 사회 전체가 나약해진다. 저마다의 노동의지가 강하면 그 사회에 활력이 생긴다. 개인주의가 아니면 자본주의가 아니다. 개인의 능력 외에 그(그녀)가 속한 신분에 의해 인생이 규정되는 것은 자본주의가 아니다. 자본주의 사회는 기본적으로 개인의 성실한 노동과 신용만을 요구한다. 노동이 소득을 만든다. 신용조차 그 개인의 노동과 결부된다. 그 개인의 것이 아니라 그 개인의 태생을 묻는다는 그것은 봉건적 신분제를 불러낼 뿐이다.

그러나 한국의 목돈자본주의는 개인의 성실한 노동과 신용만을 요구하지 않는다. 개인이 어떤 가족에 소속되었는지를 묻는다. 한국 사회는 개인의 임금으로는 도저히 마련할 수 없는 크기의 주거보증금을 요구한다. 주거보증금은 개인의 능력을 초월한다. 그러므로 가족의 도움이 필수적이다. 이처럼 주거보증금 제도는 개인의 경제적 자립을 확실하게 방해한다. 서구 자본주의에서는 주거지를 구함에 있어 목돈이 필요 없다. 따라서 개인은 지금까지 벌어놓은 돈이 없더라도 안정적인 임금 소득이 있으면 부모의 집에서 벗어날 수 있고 자기 힘으로, 자기의 노동과 신용으로 생활할 수 있다. 부담이 되겠으나 어쨌든 자립할 수 있다. 이와 같은 경제적 자립은 한국에서는 극히 어렵다. 직장이 있든 없든 간에 어쨌거나 목돈이 있어야만 주거지를 구할 수 있다는 것이 한국 사회의 논리다. 개인 소득이 높더라도 가족의 도움을 얻지 못한다면 원하는 주거지를 찾기 힘들다. 가족의 도움은 회수되는 채권이 아니라 생존을 위한 의무 증여다. 중산층의 기준은 수정되어야 한다. 중산층이라는 개념은 서구의 개념이며 수입한 지식이다. 소득을 기준으로 중산층을 정한다. 그러나 한국 사회에서는 소득 외의 고려사항이 있다. 목돈 변수가 개입하기 때문이다. 어쩌면 그것은 상수일지도 모른다. 한국 사회에서의 '부'란 가족의 소득이나 재산이 함께 합산됨으로써 비로소 의미를 얻기 때문이다. 홍길동의 힘으로 주거지를 구하는 것이 아니라, 홍길동이 속한 가족의 힘으로 주거지를 구한다.

주거보증금의 액수가 크지 않았을 때에는 이런 문제가 잘 드러나지 않았다. 그러나 주거보증금은 스스로 증식했고 그것이 기성세대의 탐욕과 어우러져 이제는 더 이상 은폐할 수 없게 되었다. 오늘날 한국의 주거보증금 제도는 개인을 철저하게 무력화한다. 이런 봉건적인 시스템은 자본주의가 아니다. 개인의 경제적 자립이 없는 자본주의는 생각하기 어렵고, 그런 점에서 주거보증금 제도는 자본주의 정신에 부합하지 않는다. 만일 당신이 자본주의를 적극적으로 옹호하는 사람이라면 주거보증금 제도의 폐지를 주장함 직하다. 또 당신이 체념하듯이 자본주의를 인정하면서도 체제의 개선을 도모하고자 한다면 역시 '목돈체제'와 격돌할 수밖에 없다. 그렇지만 그런 사람들을 한국 사회에서 좀처럼 만날 수가 없었다. 이쪽이나 저쪽이나 전세제도와 월세보증금을 태연히 묵인한다. 사회의 근본 시스템보다는 국민 개개인의 '사금융' 돈놀이에 더 가치를 둔다. 굳이 자본주의를 거론하지 않아도 좋다. 성인이 되어서도 자식이 자립할 수 없는 사회는 현대 한국 사회를 제외하고 인류사적으로도 찾아보기 쉽지 않다. 요컨대 목돈자본주의는 인류사적 사건이기도 하다.

둘째, 주거보증금은 조세제도를 왜곡한다. 한국 사회는 선진 외국보다 국민 개인의 조세부담이 적다. 한국은 한 번도 OECD 국가 평균보다 조세부담률이 높은 적이 없었다. 개인이 부담하는 국세, 지방세, 사회보장기여금(국민연금, 고용보험, 산업재해보상보험, 건강보험 등)을 합쳐서 경상 GDP에서 차지하는 국민부담률을 GDP 대비 총조세부담률로 산출해볼 수 있다.[11] 이 통계에 따르면 한국의 2012년 국민부담률은 26.8%다. 미국은 우리보다 낮았다.[12] 24.3%다. 2011년 OECD 평균 국민부담률은 34.1%였다. 북유럽부터 남유럽, 아시아와 아메리카 대륙까지 OECD 주요 국가의 국민부담률은 표 2-1과 같다.

이 통계는 매우 중요하다. 증세를 주장하는 사람들의 근거가 되기 때문이다. 증세를 통해 단순히 국부를 늘리자고 주장하는 사람은 거의 없다. 대개 복지정책을 개선하기 위한 예산 확보 차원에서 증세를 주장하는 것이다. 다른 나라와 비교해볼 때, 우리

---
11 한국조세재정연구원, OECD 조세통계(1965-2012)
12 오바마케어의 실행으로 다소 증가할 것으로 전망되기도 한다.

표 2-1 OECD 주요 국가의 조세부담률(경상 GDP에서 차지하는 국민부담률)

국가	국민부담률	국가	국민부담률
호주	26.5%*	일본	28.6%*
오스트리아	43.2%	한국	26.8%
벨기에	45.3%	룩셈부르크	37.8%
캐나다	30.7%	멕시코	19.7%*
칠레	20.8%	네덜란드	38.6%
체코	35.5%	뉴질랜드	32.9%
덴마크	48.0%	노르웨이	42.2%
에스토니아	32.5%	폴란드	32.3%*
핀란드	44.1%	포르투갈	32.5%
프랑스	45.3%	슬로바키아	28.5%
독일	37.6%	슬로베니아	37.4%
그리스	33.8%	스페인	32.9%
헝가리	38.9%	스웨덴	44.3%
아이슬란드	37.2%	스위스	28.2%
아일랜드	28.3%	터키	27.7%
이스라엘	31.6%	영국	35.2%
이탈리아	44.4%	미국	24.3%
OECD 전체	34.1%*		

(*는 2011년 통계치로, 편의상 함께 표시했다.)

나라는 '증세 여력'이 충분하다는 사실을 표 2-1이 보여주는 것 같다. 그러나 통계는 언제나 위험하다. 통계를 이용한 단순 비교는 지식인이 특히 조심해야 한다. 남이 보지 못하는 은폐된 진실을 찾아서 통찰을 보여주는 것이 지식인의 역할이다. 겉모습만을 비교해 국가의 정책을 좌우하려는 사람들이 너무 많다. 한국 사회는 적어도 개인과 가계의 관점에서는 증세 여력이 별로 없다.

주거보증금이라는 목돈은 조세가 아니며 국가가 관리하는

사회보장기여금도 아니다. 그것은 국가와는 상관이 없기 때문에 통계에는 잡히지 않는다. 그러나 목돈 마련은 한국인의 필연적인 의무다. 그것은 사회적 과세를 구성한다. 사회가 개인에게 요구하는 존재에 대한 대가, 그것이 바로 주거보증금의 사회적 의미다. 그런 목돈이 예외적이라거나 혹은 보증금을 요구하지 않는 주택을 찾기가 쉽다면 사회적 과세가 아닐 것이다. 개인이 회피하면 되기 때문이다. 하지만 한국 사회에서 주거보증금은 좀처럼 회피할 수 없다. 일반적으로 주거보증금은 개인의 소득 능력을 초월한 크기의 돈이다. 주택을 구입하면 주거보증금을 회피할 수 있지만, 이 경우 더 큰 목돈이 든다. 20, 30대의 개인 소득으로는 극히 어렵다. 외국처럼 모기지론으로 주택을 구입하면 목돈의 무게에서 벗어날 수 있다고 생각할 수는 있겠다. 그러나 목돈 마련은 개인의 의무라는 것이 한국 사회의 상식이어서 그것을 전제로 한 규제가 있다(이른바 LTV). 사회적 과세에 관해 이 사회는 빈틈이 없다. 서민이 주거보증금에서 벗어날 수 있는 몇 가지 방법은 고시원에서 생활하거나 낡고 저렴한 원룸을 구하거나 도심에서 많이 벗어나는 것이다. 그러나 그것은 사회가 개선되는 방향이 아니며 개인이 원하는 방향도 아니다.

  주거보증금 제도로 말미암아 매월 지불해야 할 임대료의 크기가 줄어드는 효과를 예찬하는 사람들이 매우 많다. 그것이 앞서 말한 한국 특유의 계산기 두드리기 합리성이다. 돈의 크기가 다르다. 피할 수 없는 주거보증금의 크기는 개인의 소득 능력을 초월한다. 몇 년간의 소득을 소비하지 않고 전부 모아도 주거보증금을 마련하기 힘들다. 그것이 한국인의 필연적인 고통이며, 누군가(가족 혹은 은행)의 도움을 받아야 비로소 해결할 수 있는 사회적 과세다. 앞서 말한 것처럼 목돈사회는 자본주의적이지 않은 탓에 그런 사회적 과세에 시장이 자정 능력을 발휘할 수도 없다. 시장은 통제력을 잃는다. 반면 매월 지급해야 할 임대료의 상승은 소비자(임차인)의 수요를 감안하고, 그 수요는 노동 소득에 기초해 계산되므로(소득 대비 주거지 결정이야말로 진정한 계산기 두드리기 합리성이라 하겠다.) 시장의 통제를 받게 된다. 정상적인 사회에서는 임대료가 소득 능력을 일방적으로 초월하기 어렵다. 소득에 따라 주거지의 행방이 달라질 것이며, 그에 따라 결국 누진과세처럼 부담하는 액수도 개인마다 달라질 것이다. 조세정의에 입각해 국가는 소득의 크기와 보유하고 있는 재산에 따라 과세를 달리한다. 빈곤한 사람에게는 더 적게, 부유한 사람에게는 더 많이 과세를 한다. 그러나 주거보증금 제도는 그런 정의를 모른다. 단지 위치와 크기에 따라 액수의 차이를 둘 뿐이며, 심지어 그 차이를 막론하고 소득을 초월한 과세를 하는 것이다. 주거보증금 제도 자체가 사회정의를 핍박한다.

    이런 현실을 종합적으로 냉정하게 생각해보면 주거보증금 제도가 국가의 조세제도를 왜곡한다는 결론에 이른다. 첫째, 조세부담과 사회적 과세 부담을 동시에 짊어지는 한국인에게 증세의 여력을 없애기 때문이며, 둘째, 소득 중심의 조세제도를 운용하는 것이 바람직한데 주거보증금 제도가 소득 중심의 조세제도를 방해하기 때문이며, 셋째, 국가의 조세정책은 징수되는 세금의 액수가 커지는 만큼 공공복지의 인프라 개선을 도모하고 그것이 종국에는 개인의 행복을 촉진하는 방향으로 나아가지만 주거보증금은 그런 방향과는 정반대의 방향성을 띠기 때문이다. 주거보증금은 조세보다 훨씬 큰 부담을 국민 각자가 서로 부과하면서 개인의 행복을 축소하고 공공복리를 스스로 해친다. 게다가 임대인은 과세를 싫어한다.

복지사회를 주장하는 사람들은 복지 재원을 마련하기 위해 증세의 필요성을 말한다. 하지만 주거보증금 제도가 사회적 과세로 작동하는 상황에서는 적어도 개인과 가계의 입장에서는 증세의 여력이 별로 없다. 그렇다면 복지국가를 말하는 지식인이나 정치인이라면 주거보증금 제도의 철폐를 주장할 만하지 않을까? 하지만 그런 목소리를 복지국가 전도사에게서 들어본 적이 없다.

셋째, 주거보증금은 성장잠재력을 억압한다. 통계에 따라 차이가 있고 또 추정에 불과하지만, 앞서 설명한 것처럼 한국인들이 부담하는 주거보증금의 총액은 국가의 1년 예산보다 많다. 그처럼 큰 금액임에도 주거보증금은 국가의 생산성에는 아무런 기여를 못한다. 반면 국민 개인에게는 극심한 부담을 강요한다.

게다가 돈의 '정당한 소비'를 방해한다. 주거보증금은 푼돈이 아니라 목돈이다. 부모로부터 받은 돈으로 주거보증금을 마련했다면 부모의 이름으로 소비되어야 할 돈이 줄어든 것이다. 만약 은행에서 빌린 돈으로 주거보증금을 '납부'했다면 빚이 소비를 억제할 것이다. 빚에 속박된 상태에서의 소비는 빚 없는 자유에서 촉발되는 소비에 도저히 견줄 수 없다. 때때로 소비는 인생을 결정한다. 우리는 저마다 생의 한가운데에 있다. 당신 인생의 꿈과 취향은 무엇이며, 그것을 위해 당신은 어떤 돈을 소비하고 있는가? 주거보증금은 그 돈의 정당한 소유자의 인생을 볼모로 잡는다. '지하 어딘가에' 묶여 있을 주거보증금은 소비를 자극하지 못한다. 이 사회를 떠나지 않는 한 계속 묶여 있을 운명의 돈이다. 푼돈이 아니라 목돈이 '국가적으로' 봉인된다.

돈은 소비되어야 한다. 그리고 그것은 다른 누군가의 소득이 되어야 한다. 소비재여도 좋고 예술품이어도 좋으며 서비스의 향유여도 좋다. 꿈을 위한 소비여도, 단순 취향에 의한 소비여도, 기부를 위한 소비여도, 욕망을 위한 것이어도 좋다. 그렇게 돈이 흘러야 시장에 활력이 생긴다. 경기 활성화를 위해 소비를 진작해야 하는 것은 맞는 이야기다. 소비 진작을 위해 국가는 재정을 풀고 규제를 완화하며 각종 재정적, 행정적 조치를 시행한다. 그러나 그런 국가의 노력보다 주거보증금 제도가 사라졌을 때 기대할 수 있는 소비 진작이 더욱 효과적이다. 주거보증금의 총규모가 국가의 예산보다 크며, 국가의 재정 지원 확대에 따라 국민 개인이 나눠 가질 수 있는 금액보다 자기 주거보증금이 다시 개인에게 돌아오는 경우에 손에 쥐는 금액이 훨씬 크기 때문이다.

한국은 교역할 만한 자원이 별로 없다. 적어도 한국 사회에서는 자연의 혜택이 성장동력이 되기는 힘들다. 경제의 가장 좋은 자원은 사람이다. 사람의 노동력과 창의성이 우리 경제의 진정한 성장잠재력일 수밖에 없으며, 그렇게 되어야 한다. 그러나 소비 없는 노동은 참혹하고, 소비를 억제하는 곳에서의 창의성은 보잘것없다. 주거보증금 제도는 소비를 억제하는 대신 투기를 조장한다. 사회가 개인에게 큰돈을 요구하는 것이 당연하고 자기 노동으로는 그 큰돈을 마련하기 어렵기 때문에, 사람들은 저마다 큰돈을 줄 환상을 좇는다. 개인의 건강한 노동과 소비는 위축될 수밖에 없다. 투기는 물적으로 이루어질 수 있으며 정신적으로도 이루어질 수 있다. 전자의 대표적인 것이 부동산 투기이며, 후자는 자녀의 인생을 볼모로 한 교육 투기다. 한국 사회에 필요한 것은 소비이지 투기가 아니다.

넷째, 주거보증금은 개인의 자립을 방해한다. 주거보증금 제도가 해로운 가장 큰 이유를 하나만 꼽으라면 이것을 들 수 있다. 사회가 구조적으로 개인의 자립을 방해한다는 점이다. 특히 청년의 자립을 방해한다. 성인이 되면 경제적 자립을 해야 한다.

학업을 핑계로 유보될 수는 있다.[13] 그러나 적어도 직장을 구하면 경제적 자립을 이룰 수 있어야 한다. 그것이 정상 사회의 모습이다. 하지만 한국 사회는 모든 사람에게 주거를 이유로 목돈을 요구한다. 청년의 성실함으로는 만질 수 없는 크기의 돈을 요구한다. 불가능한 요구가 가능한 까닭은 가족의 도움을 닦달할 수 있기 때문이다. 부모는 자녀가 마련해야 할 목돈을 지원한다. 부모 소득의 관점에서도 큰돈이다. 부모의 경제적 자립도 위태로워진다. 한국 사회의 노인복지 문제는 국가의 복지제도가 미비해서라기보다는 부모가 지나치게 자식의 인생을 위해 경제적 자원을 소진했기 때문이다. 이처럼 주거보증금 제도는 부모와 자식 쌍방의 경제적 자립을 위협한다. 부모의 도움을 받지 못하는 경우라면 은행의 도움을 받는다. 개인의 자립은 은행의 여신 테이블에 묶인다. 부모의 도움과는 달리 은행의 여신은 이자와 채무상환이라는 준엄한 심판정을 소환한다. 개인의 영혼은 그 심판정의 조명 아래에서 맨몸을 드러내야 한다.

어째서 개인의 경제적 자립이 필요한가? 현대 사회가 그렇게 설계되어 있기 때문이다. 인류 역사에서 개인의 경제적 자립이 항상 중요하지는 않았을 것이다. 오랜 기간 동안 노예제도가 있었다. 노예는 경제적 자립이 없는 상태이며 그들의 정신적인

---

13 대학등록금이 문제다. 개인 자립의 관점에서 학생이 아르바이트를 하면 부모의 도움 없이 학업을 마칠 수 있는 구조가 필요하다. 물론 대학마다 성격과 역량이 다르지만, 국공립대학 중심으로 선도적으로 해결할 수 있으리라 본다. 이에 대해서는 다음 장에서 자세히 다룬다.

자유, 예컨대 자기 생각을 가지며, 자기 양심에 따르고, 염치와 교양을 알고, 그렇게 해서 자기 인생을 스스로 결정하면서 성장할 자유가 거세되었다. 정신적 자유가 없기 때문에 경제적 자립이 부인되었다기보다는 경제적으로 예속되었기 때문에 정신적 자유가 봉인되고 만 것이다. 노예는 주인을 따른다. 아주 오래전에 미개한 시절이 있었다. 원시의 '향미'는 가족이나 부족이라는 공동체에 있었다. 흩어지면 죽고 뭉치면 산다. 자연에 예속된 시절이었다. 그러나 근대 사회는 모든 예속을 타파함으로써 탄생했다. 앞서 살펴본 자본주의라는 경제체제, 헌법체제, 정치 민주주의, 교육제도, 의료시스템, 상하수도에서 전기와 통신에 이르기까지 온갖 종류의 자연을 가로지르는 인프라는 '만인'을 공평하게 간주하며, 그 공평성을 더욱 강화하는 방향으로 발전해 왔다. 말하자면 이 사회는 모든 개인이 '주인'임을 전제로 설계되었다. 그 주인을 일컬어 '시민'이라 부른다.

시민이 경제적 자립을 하지 못하거나 할 수 없다면 대체 어떤 일이 일어나는가? 설계를 무시한 건물은 붕괴된다. 독점이 세상을 지배하고 경제는 활력을 잃는다. 창조적 파괴는 탁월한 개인의 모험, 도전, 창업에서 비롯되겠지만 그들은 먼저 경제적 자립이라는 자기 실존의 검열을 통과해야 한다. 능력보다는 출신이 성패를 좌우한다. 장기 투자보다는 단기 투기가 위세를 떨친다. 자기 노동과 성실함만으로는 경제적으로 자립하기 힘들다. 그렇다면 투기는 자연스러운 현상이다. 노동력이 과소평가되는 까닭에 수입도 적거니와 그 수입에서 소비로 지출되는 비용마저 줄어든다. 저하된 소비력은 저하된 생산성을 불러오고 시장은 제 기능을 잃는다. 시민의 정치의식이 약화됨으로써 민주주의는 기존 질서를 옹호하는 가장 강한 체제로 전락한다. 윤리를 권장하기보다는 증오를 선동하는 자들이 음지에서 나와 정치세력화한다. 교육은 상품화되며 신분세탁의 도구로 전락한다. 시장이 제대로 기능하지 못함으로써 과포화되는 공공복지는 국가재정을 위협한다. 이처럼 시민이 경제적 자립을 하지 못한다면 국가적으로 병약해진다. 개인적인 차원은 과연 어떨까?

무엇이 올바른 것인지, 무엇이 선한 일인지를 판단하는 이성의 힘은 모든 사람에게 동일하지 않다. 먼저 성인과 아이가 다르다. 생각을 깊이 하는 사람과 생각을 하지 않는 사람이 같지 않다. 이성의 힘을 키우는 일도 쉽지 않다. 태어나서 어른이 될 때까지 배우는 모든 교육은 결국 지식을 통해 이성의 힘을 고양하는 것이다. 대략 20년이 걸린다. 성인이 되어서는 경험과 관계를 통해 이성을 연마한다. 연마하지 않으면 녹이 슨다. 그러므로 이성에도 의지가 필요하다. 스스로를 개선하려는 의지다. 이성과 경제성은 서로 직접적인 관련이 없을 것이다. 빈부의 격차가 이성의 격차를 의미하지 않는다. 빈곤의 가장 큰 문제는 이것이다. 개인의 개선 의지를 약화시킨다는 것이다. 좀처럼 자립할 수 없는 사회의 가장 큰 문제도 그와 같다. 의지가 약해짐에 따라서 생각할 시간과 여유를 잃는다. '주인'으로의 시민이 아니라 '대상'으로서의 대중으로 전락한다. 불의와 부패와 온갖 평범한 악은 약화된 이성에 기생한다. 경제적 자립이 어려운 사회는 이성의 약화를 초래한다. 이것이 바로 개인에게 경제적 자립이 필요한 이유가 되겠다. 이처럼 개인의 경제적 자립은 시민사회의 건강성을 결정한다. 경제적 자립은 한 인간의 존엄성을 고양한다.

우리 사회를 다시 되돌아보자. 목돈사회는 주거를 볼모로 개인에게 목돈을 요구한다. 개인의 노동력으로 구할 수 있는 돈의 크기가 아니다. 개인의 능력을 초월하는 목돈을 사회는 버젓이 요구한다. 막대한 주거보증금이 한국 사회의 주거 문화를 상징한다. 사회 자체가 개인의 자립을 방해한다.

다섯째, 주거보증금은 기회의 불공평을 심화한다. 경쟁은 더 좋은 기회를 점하기 위한 노력이다. 현대 사회에서의 경제적 성공은 어떤 기회를 차지했느냐에 의해 정해진다. 주사위를 한 번 던졌을 때 6이라는 숫자가 나올 확률은 16.7%다. 두 번 던졌을 때 한 번이라도 6이 나올 확률은 30.6%로 커진다. 세 번 던졌을 때 한 번이라도 6이 나올 경우는 42.1%다. 6이라는 숫자는 필연적으로 나오기보다는 확률적으로 나온다. 다만 횟수에 비례해서 그 확률이 커질 뿐이다. 기회가 많을수록 좋다. 그런데 신분사회는 주사위를 던질 수 있는 신분과 주사위를 던질 수 없는 신분을 구분한다. 근대 혁명은 그와 같은 신분사회를 끝냈다. 하지만 기회의 평등이 마냥 보장되지는 않는다. 주사위 놀이는 끝나지 않았다. 어떤 이는 주사위를 한 번만 던질 수 있으나, 주사위를 제한 없이 던질 수 있는 사람이 생긴다. 어느 사회에서나 기회의 평등이 구석구석 보장되지는 않았다. 완벽한 기회의 평등은 몽상에 불과할지도 모른다. 누군가는 기회의 주사위를 더 많이 던질 것이다. 사람마다 능력과 처지와 관심이 다르기 때문이다. 이를 두고 불공평하다고 단정할 수는 없다. 그런데 다짜고짜 능력도 있고 관심도 있음에도 당신에게는 주사위를 던질 기회조차 주지 않는다면 어떨까? 이것은 불공평하다. 기회의 불공평 문제는 누군가 기회를 더 많이 가졌기 때문이 아니다. 누군가 기회를 상실했기 때문이다.

이런 관점에서 주거보증금 제도는 기회의 불공평을 심화한다. 그것은 사실상의 신분사회를 호명한다. 앞서 말한 것처럼 주거보증금이라는 목돈은 개인의 능력을 초월하기 때문에 가족 동원령을 수반하게 된다. 부자의 자식과 서민의 자식은 인생의 출발지점이 다르다. 부자의 자식은 더 많은 기회를 얻을 것이며, 서민의 자식은 더 많은 기회를 잃을 것이다. 부자의 자식이 더 많은 기회를 얻는 까닭은 주거보증금이라는 목돈 때문에 시간과 노동을 낭비하지 않기 때문이며, 그 덕분에 자유롭게 관계와 경험을 넓힐 수 있다. 서민의 자식이 더 많은 기회를 잃는 까닭은 목돈 마련이라는 필연적인 과업을 위해 인생에서 너무 많은 시간을 허비하기 때문이다. 개인의 인생이 가족의 경제적 부에 의해 영향을 받게 되면 당연히 신분사회로의 회귀를 부른다.

이와 같은 기회 불공평의 문제를 해결하는 일은 어려운 작업이 아니다. 개인의 능력 차이까지 부정하지 않아도 된다. 사회가 개인에게 목돈을 요구하는 이 오래된 관습을 청산하면 된다. 사회가 개인에게 요구해야 할 것은 부모 재산의 크기가 아니다. 사회는 그저 개인의 선량한 의지와 성실한 행위를 요구해야 한다. 주거보증금은 부모 재산의 크기를 묻는 것이며, 개인의 선량한 의지와 성실한 행위를 핍박하는 것이다. 주거보증금 제도가 폐지됨으로써 그만큼 월세가 오를 것이고, 결국 부자와 서민의 불평등을 해결하지 못할 것이며, 오히려 양극화 심화의 원인이 될 것이라는 반론도 있겠다. 조금만 더 깊이 생각하자. 나는 부자와 서민의 경제적 불평등을 해결하자는 일반론을 말하려고 했던 것이 아니다. '부자의 자식'과 '서민의 자식'의 인생 불공평을 지적하는 것이다. 월세라는 돈의 크기는 개인의 능력과 소득 안에 있거나 그다지 멀리 떨어져 있지 않다. 따라서 그 경우 부모의 재산이 그 자식에게 반드시 필요한 것은 아니다. 그러나 주거보증금이라는 돈의 크기는 개인의 능력을 초월하므로 부모의 재산이 반드시 필요해진다. 이것이 연쇄적으로 '부자의 자식'으로 하여금 더 많은 기회를 누릴 수 있게 하고, '서민의 자식'으로 하여금 더 많은 기회를 포기하게끔 한다. 그럼으로써 사후 세습이 아니라 평생 세습의 사회적 환경을 조성한다. 이것이 부의 재분배 관점에서 바라본 주거보증금 제도의 근본적인 문제다.

극소수의 부자들은 어느 사회에서나 항상 특권을 누린다. 사회 개선을 원하는 많은 사람들은 그런 특권층을 견제하기 위해 노력했다. 그것은 그것대로 나름의 의미가 있다. 하지만 시급한 것은 부자들의 다리를 거는 게 아니다. 가난한 사람들에게 활력을 주는 게 필요하다. 대중이 경제적으로 자립해 스스로의 힘으로 인생을 설계하고 도모할 수 있다면 부의 불균형 문제는 심각한 사회문제로 진화하지 않는다. 그러나 주거보증금 제도는 가난한 사람에게서 활력을 빼앗는다. 부자가 아니라 서민에게 핸디캡을 주는 제도가 바로 주거보증금 제도의 본모습이다.

'자수성가'는 정말로 중요한 가치다. 그(그녀)가 이룬 경제적 성공 때문이 아니다. 가난한 부모 슬하에서 자라는 어떤 아이가 있는데 그 아이가 우리 사회와 인류에 커다란 공헌을 할 인물로 성장할 재목이라고 가정해보자. 제도와 문화가 그 아이의 성장을 방해한다면 이는 곧 우리 사회의 미래를 핍박하는 일이다. 주거보증금은 가난한 인재의 성장을 위협한다. 우수한 인재를 잃어버리는 것은 그 사회의 큰 손실이 아닐 수 없다. 사회는 언제나 위기이며 곳곳에서 유능한 인재가 들풀처럼 자라야 한다. 그 중 몇 명이 우리 사회의 미래를 인도할지도 모른다. 그러나 한국인들은 눈앞의 이익만을 따진다. 계산기를 두드리면서 보증금을 마련하는 것이 월세 내는 것보다 이자 면에서 이득이라는 '이율합리성'이 한국인의 정신세계를 지배한다. 그로 말미암아 한국인 스스로 주거보증금의 노예가 되고 말았다. 오늘날 자수성가는 몹시 어렵고 개천에서는 이무기도 생기지 않는다. 기성세대는 가난했으나 지금처럼 주거보증금의 무게를 경험하지 않았다. 그러므로 '자수성가'를 할 수 있었다. 그러나 지금의 청년 세대는 가족의 도움 없이는 혼자 힘으로 할 수 있는 것이 거의 없다. '자수성가의 체험'을 독점한 기성세대의 승승장구와 영웅담은 그들 세대의 의지와 능력이 빼어나서가 아니다. 그런 의지와 능력이 지금 세대라고 왜 없겠는가. 기성세대는 사회가 그들의 경제적 의지를 방해하지 않았으나, 기성세대가 장악한 사회는 청년 세대의 경제적 의지를 방해한다. 그들 자신이 그렇게 방해해 놓고서 청년 세대에게 하면 된다는 식의 잠언을 늘어놓는 것이 곧 한국 사회의 세대 간 양극화의 특성이다.

여섯째, 주거보증금은 한국인의 정신세계를 핍박한다. 한국인에게 돈은 특별하다. 다른 인종과 달리 돈에 특별히 반응하는 염색체가 한국인이라는 종족에만 있을 리는 없다. 그럼 한국인의 정신세계와 강하게 공유결합하는 특별한 구조와 문화가 있기 때문이 아닐까? 한 사회를 지배하는 구조와 문화는 그 사회에 소속된 다수의 사람들에 의해 자발적으로 선택된다. 그리고 그

구조와 문화에 대해 특별한 의심이 없을 때 그 사회에 소속된 사람들의 정신세계와 강하게 공유결합을 한다.

　이 나라에서는 주거보증금 제도가 고유한 구조이며 당연한 문화다. 거주하려면 목돈이 있어야 한다는 것이 한국인의 상식이다. 집을 사거나 세 들어 살거나 어쨌든 목돈이 필요하다는 관념이다. 이런 상식과 관념은 모든 경제활동에 깊숙이 개입한다. 자동차를 살 때 필요한 목돈을 말하려는 게 아니다. '주거'를 하려면 목돈이 필수적이라는 것이다. 자동차는 있으면 좋지만 그것이 인간의 생존을 결정하지는 못한다. 그러나 주거할 곳은 다르다. 주거보증금은 집에 관한 목돈이다. 한 사람의 집이라면 움막이어도 괜찮을지 모르겠다. 그러나 집은 곧 '가족의 거처'다. 집이 없으면 가족이 생존할 수 없다. 그런데 한국에서는 그런 돈을 마련하려면 목돈이 필요하다. 곧 목돈이 없으면 가족이 생존할 수 없다. 목돈은 쾌락이 아니라 생존과 매우 밀접하게 연관된다.

　위대한 사상가의 주장을 인용하지 않더라도 배금주의가 인간의 정신세계를 핍박하고, 물질만능주의가 건강한 시민의식을 왜곡한다는 것쯤은 누구나 안다. 자기의 꿈을 찾기 위한 결단, 개인의 양심, 정의감과 윤리의식, 불의에 항거할 자유, 창의성을 발휘하려는 도전의식, 타인에 대한 배려와 같은 심성은 물질적인 게 아니다. 그것은 인간 정신세계의 작용이다. 이런 인간의 정신세계는 안타깝게도 물질적인 것, 특히 '돈의 작용력'에 의해 화학반응을 일으킬 수 있다. 돈은 정신세계를 핍박할 수 있다. 그런 핍박을 받더라도 인간의 존엄성을 잃지 않도록 하는 힘을 지녀야 한다는 것이 모든 성인과 종교의 가르침이다. 자본주의는 구조적이며 문화적으로 그런 가르침을 유혹한다. 그런 유혹은 비단 한국 사회에 국한되지 않고 시장경제의 구조를 갖는 모든 사회라면 어느 곳에서든 직면하는 문제다. 그러나 한국 사회가 외국 사회와 다른 점은 유혹하는 돈의 크기가 훨씬 크다는 사실에 있다. 한국인의 정신세계가 다른 어떤 인종보다 투기에 더 취약하게 노출되어 있다는 점이다. 주거보증금이 월세보다 유리하다는 계산기 두드리기 합리성은 돈의 이율에 관한 것이고 푼돈에 관한 이득의 속삭임이다. 그 속삭임에 빠져들면서 주거보증금이라는 거대한 목돈의 노예가 되고 만다. 결과적으로 우리는 지구사적으로 엄청난 위험에 직면하고 말았는데, 한 개인의 정신세계가 과연 자기의 능력을 초월한 돈의 무게에 맞설 수 있겠느냐는 것이다.

반전세의 문제점

금융기법의 발전에 따라 여러 대출상품이 개발되었다. 여기에 저금리 시대가 도래함과 더불어 부동산 투기가 성행하면서 전세제도는 악용되었다. 임대인은 전세금을 이용해 은행 예금이자를 받기보다는 그것으로 다른 부동산을 구입하는 데 썼던 것이다. 우리에게는 서브프라임 모기지론 사태가 없었으나 전세금 투기 사태는 있었다. 다만 전세 임차인의 계속된 거주에 의해 감춰졌거나, 전세금의 반환 의무를 다음 임차인에게 떠넘김으로써 문제가 은폐되었을지도 모른다. 전세금이 지속적으로 오르고 그것이 개인으로서는 도저히 마련할 수 없는 금액 수준까지 치솟으면서 임차인은 좀 더 과중한 은행 채무자로 전락할 위험에 처한다. 전세제도는 한때 우리 사회의 대세였으며, 이는 월세에까지 영향을 미쳤다. 가난한 서민들이 주로 이용했던 사글세를 제외하고 순수 월세는 당연히 보증금이 있는 것으로 여겨졌다(2010년 인구주택총조사에 따르면 우리나라 월세가구의 85%가 보증금부 월세였다.).[14]

---

14   LG 비즈니스 인사이트, 2013. 12. 11. 〈최근 전세가격 상승의 원인 진단〉 중

'반전세'라는 용어는 전세에서 월세로의 전환이 가속화되는 '최근' 현상을 말하는 것으로 이해되곤 한다. 하지만 실제로는 그렇지 않다. 우리나라의 월세는 오래 전부터 보증금이 필요한 월세였다. 보증금을 맡기기 때문에 우리나라의 월세제도는 전세의 성격과 월세의 성격을 모두 지닌다. 전세 비중이 줄어들면서 당연히 월세의 비중이 늘어나게 되었다. 월세의 액면을 올렸을 뿐만 아니라 월세보증금도 여전히 요구한다. 10년 전에도 월세보증금이 있었고, 20년 전에도 월세보증금이 있었다. 없던 '반전세'가 생긴 것이 아니라 본디부터 존재했던 월세보증금이 올라갔다고 이해하는 편이 더 적확하지 않을까. 물론 전세금 상승 압박을 월세로 충당하는 현상이 보증금 월세의 비중이 증가하는 요인이 되기도 했다는 점에서, 그런 현상만을 지칭하고자 한다면 '반전세'라는 표현이 어울릴지도 모르겠다. 하지만 보증금을 요구하는 임대차 개념만을 놓고 보자면 반전세는 월세이며 또한 월세는 반전세다. 보증금 요구는 요지부동이다.

최근 전세제도는 점차 사라지고 월세가 주택 임대의 대세가 될 것이라는 시장 전망이 많고, 정부도 이를 인정하고 있다. 전세제도의 비중이 줄어든다는 것은 언제나 환영할 만하다. 그러나 주택 시장의 당사자들과 정부 관료들은 한결같이 보증금의 존재를 인정한다. 주거보증금 자체가 서민에게 이롭다는 관념이다. 이에 대해 나는 주거보증금이 서민에게 이롭지 않으며 결국 우리 사회에 몹시 해롭다는 점을 앞서 소상히 밝혔다. 하지만 사람들은 여전히 주거보증금에 대한 확증적 긍정을 버리지 않는다. 전세제도의 축소는 올바른 방향이 아니라 더 나쁜 방향으로 진행된다. 다른 나라에서 보편적으로 인정되는 월세 방식이 아니라, 앞서 말한 '반전세'를 고집하는 것이다. 거주자는 월세를 부담할 뿐만 아니라 보증금도 마련해서 맡겨야 한다. 서민들은 월세보증금과 늘어난 월세 모두를 감당해야 하는 이중고에 시달린다. 그런 점에서 반전세는 전세제도만큼이나 나쁘고 어쩌면 더 사악할지도 모른다.

한편, 보증금과 월세의 상관관계에 대한 한국 지식인의 보통 생각을 일목요연하고 명징하게 정리한 글로는 '신혼 월급 3분의 1을 월세로 써야 하는 현실'이라는 제목의 2015년 8월 2일자 「한국일보」사설이 있다. 이 사설은 반전세의 현실을 비판하면서 전세제도를 추억한다. 사설은 현실을 이렇게 진단한다.

'전·월세 가격 상승으로 서울에서는 월세 평균 지출이 신혼 가장 월급의 3분의 1 수준까지 이른 것으로 나타났다. 어느 정도 내용이 드러난 국토교통부의 '7월 전국 주택 가격동향조사' 결과 서울 월세 주택의 평균 가격은 보증금 1억 84만 8,000원에 월 81만 4,000원이다. 보증금 대출 이자가 연 3%대 초반일 경우 지출되는 월 25만 원 내외를 월세에 합치면 월 106만 원, 괜찮은 직장에 취업한 신혼의 대졸 초년병 월급을 약 300만 원

(세전)으로 잡아도 그 3분의 1을 순전히 주거 비용으로만 써야 한다는 얘기다.'

자, 여기까지의 현실 진단은 나와 사설 사이에 큰 차이가 없다. 신혼 살림을 하려면 평균 1억 원이 넘는 보증금이 필요하며 은행 대출 이자를 합쳐서 대략 100만 원의 월세를 부담해야 한다는 현실이다. 우리는 여기서 두 가지 숫자를 본다. 보증금과 월세다. 나는 목돈사회라는 담론으로 신혼부부에게 보증금을 요구하는 현실을 비판했다. 그러나 사설은 다음과 같이 말한다.

'대졸 무주택 신혼 가구 가장의 월급 3분의 1인 100만 원 이상이 순수 주거 비용으로 지출되어야 하는 상황은 매우 심각하다. 과거처럼 신혼 가구가 서울 중간 가격대의 소형 아파트를 보증금 2억 원에 전세로 산다면, 2억 원 전부를 대출했더라도 월 이자 60만 원이면 주거가 해결될 수 있었다. 따라서 월세 확산에 따른 임대주거비 상승은 보통의 무주택가구가 이전 같으면 소비하거나 저축할 수 있었던 월 46만 원의 가처분소득을 주거비로 쓸 수밖에 없도록 함으로써 서민 재산 형성이나 소비를 위축시키는 결과까지 빚게 된 셈이다.'

사설은 신혼 가구에게 요구되는 1억 원이 넘는 보증금에 대해서는 비판하지 않는다. 아니 오히려 '2억 원 전부를 대출했더라도 월 이자 60만 원이면 주거가 해결될 수 있었다.'며 전세제도가 갖는 장점을 강조한다.[15] 사설은 결혼해서 주택을 구입할 때에는 목돈이 필요한 것을 당연하게 여긴다. 신혼 가장의 월급 액수를 감안할 때, 그의 소득 능력으로 어떻게 1억 원을 마련할 수 있는지에 대해서는 의문을 갖지는 않는다. 1억 원을 마련하는 것은 불가능하므로 은행에 가거나 부모의 지원을 요청해야 한다. 어째서 젊은 세대에게 억대의 빚으로 인생을 시작할 것을 권하고 그것을 자연스럽게 여기는가? 자기 소득을 초월하는 빚으로 '어쩔 수 없이' 인생을 시작하면 그것은 자립이 아니다. 젊은 세대가 빚으로 인생을 시작하려 할 때 그 행위를 말리고 자기 능력에 맞게 인생을 도모하라고 조언하는 것이 어른들의 역할이다. 수십만 원 정도의 이득을 권하기보다는 인생에 대한 긴 안목에서의 가치를 권면하는 것이 지식인이 할 일이다. 물론 사설처럼 계산기를 두드렸을 때의 결과, 요컨대 매월 46만 원이라는 돈은 적지 않다. 그렇기 때문에 뭔가 해결 방안이 필요하고, 그것에 대해 구체적으로 말을 할 작정이다.

목돈사회는 약자에게 핸디캡을 주는 방식으로 인생의 불공평을 강화된다. 주거보증금은 부자가 아닌 사람에게 주어지는 핸디캡이지 부자가 넘어야 할 장애물이 아니다. 가족으로서 물

---

15 사람들은 금융 규제 완화라는 시책과 관련해 정부가 국민에게 빚을 권하는 조치라고 비판한다. 하지만 이 사설에서 보는 것처럼 굳이 국가가 아니라도 한국 사회 누구나 타인에게 빚을 권한다. 그런 점에서 한국 사회의 천문학적인 가계 채무는 이 사회의 고유한 문화 현상이다. 빚을 내서 보증금을 마련하라는 것과 빚을 내서 집을 사라는 것은 타인에게 은행 채무를 권한다는 점에서 별반 차이가 없다.

려받은 '돈'은 개인의 노동과 능력에 의한 소득을 압도한다. 그러므로 불평등은 가중되고 개인의 자유는 왜소해진다. 또한 체념을 키우고 용기를 누른다. 헤비급 선수와 라이트급 선수는 공정한 경기를 할 수 없다. 경기를 진행하는 것 자체가 비인간적이다. 그럼에도 만약 경기를 해야 한다면 헤비급 선수에게 핸디캡을 주거나 라이트급 선수에게 어드밴티지를 주는 것이 인간적인 처사다. 이것을 보편적으로 이해하고 신뢰하기까지 인류는 수천 년의 학습 시간을 보냈다. 누진 과세, 상속세, 증여세를 포함한 과세정책은 강자에게 핸디캡을 주는 제도다. 반면 선거제도와 복지 인프라는 약자에게 힘을 보태는 제도. 주거보증금은 사회가 개인에게 부과하는 대표적인 '과세'이며 특히 약자에게 핸디캡으로 작용한다. 목돈게임은 단체전으로 벌어진다. 헤비급 가족에 소속된 개인은 주거보증금의 부담으로부터 자유롭고, 오히려 부동산 자본을 통해 소득을 키운다. 좋은 부모를 둔 자식은 노동과 능력의 트라우마에서 해방된다. 라이트급 가족에 소속된 개인은 자신의 노동과 능력을 초월한 주거보증금의 무게를 이겨내야 한다. 월세는 노동과 능력의 한계치 안쪽에 있는 부담이다. 그러나 주거보증금은 노동과 능력의 한계치 바깥쪽에 있는 부담이다.

'탈목돈사회'는 부자들에게 새로운 핸디캡을 주자는 게 아니다. 목돈사회에서 탈출한 사회는 그저 약자에게 짐 지운 목돈

핸디캡을 걷어낸 사회를 말한다. 전세제도가 축소되고 있다면, 그것은 보증금이 필요 없는 월세로의 전환으로 이루어져야 한다. 그 어느 때보다 정부와 정치인과 지식인의 역할이 크다. 그러나 그 어떤 정당도, 정치인도, 시민단체도, 지식인도 이를 외면한다. 무슨 대단한 정치적 변화를 기대하거나 주장하는 것이 아니다. 목돈이라는 감당하기 힘든 짐으로부터 젊은 세대들이 해방되어 그들 스스로의 힘으로 경제생활을 할 수 있도록 하자는 이야기다. 성인이 되어서 직장이 있으면 그들의 의지와 노력으로 주거지를 구하고 또 거기에서부터 시작해서 자기 인생을 도모할 수 있는 '다른 나라에서는 흔한 사회'를 상상할 뿐이다.

개인의 자립을 돕는 주거정책은 불가능한가

몇 가지 사례를 바탕으로 개인의 자립을 돕는 주거정책은 과연 불가능한 것인지 따져보자.

목돈을 요구하지 않는 부동산정책

정부 정책에는 언제나 맥락이 있다. 노무현 정부의 기조는 '규제'였다. 부동산 투기가 극심했던 시절이었기 때문이다. 반면 이명박 정부의 기조는 '규제 완화'였다. 건설시장 친화적인 세력이 집권했으나 투기는 퇴조했고 불경기가 이어졌다. 당시의 정부 정책은 부동산 경기 활성화를 도모했으나 2008년 글로벌 금융 위기의 여파로 말미암아 폭주할 수는 없었다. 박근혜 정부는 좀 더 적극적인 규제 완화다. 최경환 부총리는 스스로 '초이노믹스'를 표방하며 규제 완화와 적극적인 건설 경기 부양의 의지를 분명히 했다. 흥미로운 것은 국가 권력의 힘을 내세우면서 용의주도하게 강력한 프로퍼갠더^{propaganda}를 했어도 국가 정책의 의도대로 시장이 움직이지는 않았다는 점이다. 힘으로 시장을 눌렀으나 시장은 과열된 투기로 대답했다. 반대로 국가가 시장에 기름을 부어 부동산 경기를 끌어올리려고 할 때에는 시장이 타오르기는커녕 식고 말았다. 노무현 정부는 금융 규제의 긍정성을 지나치게 강하게 유포했다는 점에서, 이명박 정부는 부동산 경기 부양에 지나치게 많은 공적 자원을 낭비했다는 점에서 유감스럽다. 또한 이들 정부는 목돈사회를 더욱 강화하는 데 일조했다.

목돈사회는 정부의 문제라기보다는 사회 자체의 문제다. 따라서 정부가 속속들이 해결할 수 없다. 그러나 '마중물'(펌프질을 할 때 물을 끌어올리기 위해 위에서 붓는 물)을 보낼 수는 있을 것이다. 시장이 폭주하면 국가가 개입한다. 문제 해결의 주체는 결국 시장이 되겠으나, 국가는 시장에 메시지를 줄 수 있으며 방향을 제시할 수 있다. 그것이 곧 정부가 할 일이다. 가치적으로 평가한다면, 주거보증금이라는 토대 위에 건축된 한국의 주택시장은 개인의 자립과 활력을 빼앗는 방향으로 발전해왔다. 앞서 살펴본 것처럼 자본주의적이지 않다. 그럼에도 강력한 사회적 합의에 의해 삐뚤어졌기 때문에 시장 스스로 교정할 수 있을 것으로 보이지는 않는다. 그렇다면 국가가 개입해야 한다. 시장으로 하여금 스스로 교정할 수 있는 환경을 조성해줘야 한다.

결론적으로 말하자면 개인의 자립과 활력이라는 보다 큰 과제를 위해 개인에게 목돈을 요구하지 않는 부동산정책이 필요하다. 이를 위해서는 전세제도가 폐지되어야 하고 월세보증금 제도도 사라져야 한다. 일체의 주거보증금 제도를 개선해야 한다.

그러나 전세제도는 민법에 규정된 중요한 물권이며 법정 제도다. 월세보증금도 그에 준한다. 어쨌든 깊고 오래된 한국의 문화다. 민법을 바꾸고 문화를 바꾸지 않는 한, 전세를 포함한 보증금 제도의 폐지는 불가능하다. 인위적인 강제책은 혼란과 저항과 역효과를 불러온다. 입법에 의한 신속하고 강제적인 해결은 좋은 방법이 아닌 것 같다. 전세제도와 월세보증금 제도를 법적으로는 인정하되, 그 법률의 적용이 사실상 예외적인 케이스가 되도록 사회를 서서히 개선해나가는 방법이 지혜로울 듯싶다.

예컨대 '지상권 제도'와 같은 상태를 생각할 수 있을 것이다. 법으로는 규정되어 있기는 하지만 사실상 거의 사용되지 않는 제도로 만드는 전략이다. 지상권 제도란 토지와 건물의 소유자가 달라질 경우 건물 소유자에게 토지를 이용할 수 있는 권리를 인정하는 제도다. 서구사회의 문화나 우리 현대인의 관점에서는 토지와 건물 소유자가 일치하는 것이 당연한 관념이겠으나 토지와 건물의 소유권이 별개라는 우리 옛 문화를 민법이 인정해준 제도다. 보통 토지 소유자와 건물 소유자는 같은 사람이므로 지상권은 흔하지 않다. 법에 의해 보호를 받지만 매우 예외적인 제도다. 이처럼 전세제도 그 자체는 인정하되 '시장의 자율적인 변화'에 따라 지상권처럼 예외적인 제도로 만드는 게 효과적이고 자연스러운 접근이겠다. 그렇다면 전략은 명료하다. 한편으로는 주거보증금이 필요 없는 주택이 많이 공급되어야 하고,

다른 한편으로는 주거보증금의 성격을 바꾸는 전략이다. 전자를 먼저 살펴보자.

중산층을 포함한 보편적 공공임대주택정책
첫 번째 전략은 분양에서 임대로, 국가 주택정책의 방향을 전면적으로 바꾸는 것이다. 요컨대 '보편적 공공임대주택사업'을 실시하는 전략이다. 이것이야말로 목돈사회의 거대한 벽을 허무는 데 핵심 열쇠가 되리라 생각한다.

지금까지의 공공임대주택사업은 저소득층을 위한 시혜적 주택사업이었거나, 소득수준에 따라 입주 자격을 제한하면서 일정 기간의 임대를 거친 후 분양하는 방식이었다. 수혜자가 지나치게 제한적이었으며 공공임대주택임에도 여전히 목돈을 요구하고 있었다. 소유권이 이동하는 매매의 경우에 목돈이 드는 것이야 자연스럽다. 그러나 단지 임대해 거주함에도 목돈을 요구하는 것은 부자연스럽다. 그리고 이런 부자연스러움이 한 나라의 문화를 구성함으로써 벌어진 폐해는 이 책 곳곳에서 자세히 고발했다. 그런 점에서 사실상 국가가 제공하는 공공임대주택에서 보증금을 요구하는 것은 옳지 않다.

보편적 공공임대주택사업은 소득수준으로 입주 자격을 제한하지 말고 무주택자라면 누구나 신청할 수 있도록 다양한 형태의 임대주택을 공급하자는 '전략적' 정책이다. 요컨대 이러하다.

(1) 모든 소득계층을 대상으로

(2) 다양한 평형대의 주택을

(3) 무보증금의 정상 월세로

(4) 장기 임대하는 주택 공급정책

이로써 소유가 아닌 거주 목적의 주거 문화라는 메시지를, 목돈이 필요 없는 주거라는 메시지를 국가가 시장에 분명하게 제시하는 것이다. 예외적인 임대주택 공급이 아니라 이처럼 '보편적인 공급'이 이루어지기 위해서는 공급 물량이 많아야 한다. 공급 물량을 늘리기 위해서라도 국가 주도의 분양사업은 속히 중단하는 것이 좋다. 명실공히 국가의 주택정책은 분양이 아니라 '임대' 중심으로 그 패러다임을 바꿔야 하는 것이다.

보편적 공공임대주택은 소유권 이전을 전제하지 않는 장기 임대주택이다. 현재 LH공사(한국토지주택공사)는 국민임대, 공공임대, 영구임대, 장기전세라는 네 가지 유형의 임대주택을 공급하고 있다. 이 중에서 국민임대는 임대기간이 30년이고 소유권을 이전하지 않는다. 공공임대의 경우 그 상당수는 5년(또는 10년) 임대주택으로 임대 후 분양 전환한다. 장기전세 임대는 20년의 범위에서 전세 계약으로 임대주택을 공급하고 있다. 이들 임대주택의 공통점은 모두 보증금을 요구한다는 사실이다. 물론 표준임대보증금은 민간의 보증금보다는 적다.[16] 그리고 월세도 민간시장보다 저렴하다.

보편적 공공임대주택이라고 해서 저소득층에 대한 배려를 없애자는 것은 아니다. 예컨대 국민임대주택과 영구임대주택은 그것대로 시행하면 된다. 대신 현재 시행되고 있는 소유권 이전을 전제로 한 공공임대주택사업을 중단하고, 장기전세 임대주택사업도 중단하자는 것이다. 그리고 공사에서 시행 중인 일반 분양사업을 멈추자는 것이다. 그 대신에 보증금을 요구하지 않는 정상 월세 방식으로 다양한 평수의 임대주택을 공급하되, 소득에 따라 입주 자격을 제한하지 않는 것이다. 주거보증금의 고통은 중산층이라고 해서 다르지 않다. 한국 사회는 교과서에서 벗어난 사회다. 목돈의 고통은 거의 모든 계층에 적용되는 까닭에 교과서처럼 소득에 따라 입주 자격을 제한할 실익이 별로 없다. 한국은 소득 중심으로 부의 계층화가 이루어졌다기보다는 자산 중심으로 완고하게 계층화되었기 때문에 만약 입주 자격을 제한하려면 소득계층이 아니라 자산계층에 따라 제한을 두는 것이 타당하다. 제한은 명료하다. 주택을 소유한 사람은 공공임대주

---

16 국민임대주택의 경우 표준임대보증금은 국토교통부 고시 제2012-535호로 정해져 있으며, '표준임대보증금 = 주택 가격×20/100×규모계수×지역계수'로 산정된다. 규모계수의 경우, 면적이 30제곱미터 이하인 경우는 0.25, 36제곱미터 이하는 0.75, 그보다 큰 면적의 경우에는 당해 주택의 전용면적/36(1.3을 초과하지 아니한다.)으로 산정한다. 지역계수는 수도권이 1.15, 수도권이 아닌 도심지역은 1.0, 기타 지역은 0.85다. 영구임대주택의 표준임대보증금은 국토교통부 고시 제2013-464호로 지역별 정액으로 정해져 있다. 1제곱미터당 8만 7,278원이다.

택을 이용할 수 없다.

　보증금? 보편적 공공임대주택을 말하는 까닭이 만연된 주거보증금 제도를 없앨 수 있는 초석을 쌓고자 하는 것이 아닌가? 그렇다면 당연히 보증금을 요구해서는 안 된다. 다만 재정 문제로 인해 현실적으로 보증금을 완벽히 폐지하는 것이 어려울 수도 있겠다. 사업 시행을 위해 어느 정도의 보증금이 필요하다면 그런 사정 또한 전향적으로 고려할 수 있으리라 생각한다. 예컨대 보증금을 요구하기는 하되, 6개월치의 임대료 이하로 묶는 것도 좋은 방편이 되겠다. 이것은 보증금에 관한 가이드라인을 시장에 제공하는 의미도 있다. 예컨대 임대료로 20만 원을 내는 경우 120만 원 이하의 보증금만을, 임대료가 100만 원이라면 600만 원 이하의 보증금만을 요구하는 것이다. 이런 정도의 개선만으로도 공공임대주택의 장점은 빛을 발하게 된다. 현실을 이유로 어디까지 양보하는 것이 타당할까? 사견으로는 이렇다. 오피스텔 임대주택 시장의 예를 생각해볼 수 있다. 예를 들면 월세의 12개월치에 해당하는 금액을 보증금으로 요구하는 방안이다. 임대료가 100만 원이라면 1,200만 원 이하의 보증금을 요구하고, 매월 임대료가 20만 원인 소형 주택의 경우에는 240만 원 이하의 보증금만을 요구하는 것이다.

　이런 사업을 대규모로 실시하기 위해서는 시행 초기에 매우 큰 재정지출을 해야 한다. 아마도 재정지출을 이유로 반대하는 사람이 생길지도 모르겠다. 정책의 정신에는 동의하지만 예산의 문제로 반대하는 것이라면 긍정적인 대화가 가능하며, 다양하게 논의할 수 있다. 국가의 재정을 직간접으로 투입하는 방법과 민간 기업의 자발적인 참여를 유도하는 방법이 있을 것이다. 여러 가지 금융공학과 세금정책을 고안할 수도 있겠다. 시간이 경과함에 따라 공공임대주택의 거주자가 지불하는 월세 금액이 누적될 것이고, 결국 초기 재정지출의 상당 금액은 보전될 수 있다. 요컨대 사회를 정상화하기 위한 마중물 정책이라 하겠다.

다시 한 번 말하지만, 무주택자이면서 직장이 있고 소득이 있다면 누구나 공공임대주택을 이용할 수 있어야 한다. 이것이 정말로 중요하다. 작은 면적의 임대주택으로는 목돈이 필요 없는 주거 공간을 젊은 세대에게 제공할 수 있을 것이다. 큰 면적의 임대주택이라면 시장을 개선하는 힘으로 작용할 수 있으리라. 중대형의 임대주택이 목돈을 요구하지 않고 공공 영역에서 공급된다면 사람들은 이전에 없는 기회를 얻을 수 있다. 이처럼 '중산층에도 공급하는 무보증금의 저렴한 공공임대 시장'이라는 메시지는 시장을 개선하는 데 있어 매우 실효적일 것이다. 저소득층만을 대상으로 해서는 시장에서 예외로 취급된다. 중산층을, 심지어 중산층 이상의 소득계층을 수혜자로 포함한다면 시장에서 예외로 취급되지 않는다. 우리 사회는 소득이 중요한 게 아니라 재산이 중요한 사회다. 목돈사회에서는 소득에 따라 경제적 안정을 취한다기보다는 재산의 유무에 의해 경제적 안정을 취한다. 소득이 높지만 재산이 없는 중산층 가구가 의지할 공적 인프라는 어디에 있는가? 작은 면적의 임대주택이 어느 정도까지 작아야 하는지, 큰 면적의 임대주택은 어느 정도까지 커야 하는지는 곰곰이 생각해볼 수 있는 주제다. 이렇게 하여 자립 가능한 사회의 주춧돌을 세우자. 재산이 없더라도 소득이 있다면, 목돈을 마련하지 않아도 그 소득에 맞게 임대주택에서 거주할 수 있다.

임대주택청 혹은 임대주택관리공사

보편적 임대주택사업을 벌이자는 것은 저렴한 임대주택을 모든 소득계층에 공급하자는 것이고, 이는 필연적으로 공공이 주택을 판매하는 분양정책을 그만두자는 함의를 포함한다. 수십 년 이어온 국가의 정책 기조를 바꾼다면 응당 그것을 주관하는 조직 개편이 따를 수밖에 없다. 요컨대 LH공사의 역할과 위상을 바꾸는 것이다.

LH공사는 정부 산하 공기업으로 각 자치단체별 주택공사와 함께 공공주택사업의 주체다. 그러므로 LH공사가 분양을 중단하고 임대주택 공급으로 사업을 전환한다면 조직의 위상과 구성은 그에 걸맞는 형태로 변화해야 한다. 가장 바람직하게는 LH공사를 '임대주택청'으로 변경해 행정기관으로 편입하는 것이다.

LH공사가 더 이상 분양을 하지 않는다면 적어도 매매를 전제로 한 주택 공급 시장에서의 철수를 뜻한다. 보편적 공공임대주택을 국가 정책으로 삼는다면 정부의 직접적인 통제와 관리를 받는 행정기관으로 편입되는 것이 지속 가능한 공공성을 담보하는 데 유리하다고 생각한다. 또한 민간 업체가 공공임대주택사업에 참여할 때 적극적인 세제 지원을 하고 주택 관리의 공공성을 책임지는 데에도 임대주택청이라는 행정기관의 위상이 유리할 것 같다. 공공임대주택을 일종의 국가 인프라로 우리가 합의할 수 있다면, 건물의 유지보수와 재건축 문제 또한 국가 인프라의 문제가 된다. 국가 인프라의 관리라는 측면에서도 행정기관의 위상이 적합하다고 생각한다.

다만 LH공사가 지닌 부채 문제, 주택사업 분야가 아닌 도시 개발과 국토 관리 부문에 대한 위상 문제, 현재 진행되고 있는 분양사업의 문제 등 여러 가지 문제가 충분히 고려되어야 하므로, 이런 문제를 외면하지 않고 모두 공론에 포함시켜서 다 함께 생각해볼 만하다. 만약 LH공사를 행정기관으로 편입해 위상을 높이는 것이 현실적으로 어렵다면, 현재 LH공사의 주택사업 분야만을 독립해 '임대주택관리공사'로 재편하는 것은 어떨까?

여성의 경제활동 확대
여성의 경제활동은 주거보증금 없는 주택정책의 관점에서도 매우 중요하다. 주거보증금 제도가 폐지된다면 매월 부담하는 임대료가 일시적으로 증가할 것이다. 어느 정도까지 상승할지는 모르지만, 아마도 일시적으로 상승하다가 점진적으로 주택 가격에 비례해 적정한 수준으로 낮아지기는 할 것이다. 공공임대주택을 앞서 말한 것처럼 모든 소득계층에 대해 '보편적으로' 확대하면 주택을 구매하는 수요자가 줄어들 수 있고, 수요공급의 원칙에 따라 주택 가격이 하락할 것으로 예상된다. 주택 가격의 하락은 연쇄적으로 월세의 크기에 영향을 준다. 그런 점에서 주거보증금이 없어진다고 해서 임대료의 부담이 소득수준을 상회할 것 같지는 않다.

어쨌거나 계산기를 두드리면서 이율 계산을 하면 현행 전세보증금 제도에 비해 당장은 가구가 매월 지출하는 주택임대료가 증가할 것이다. 대신 당신은 목돈을 거머쥘 수 있다. 전세보증금이 3억 원이라고 가정하자. 보증금 제도가 사라지고 당신이 여전히 임대 방식으로 생활한다면 월세를 내야 한다. 이것은 부담이다. 그러나 어느 세월에 3억 원의 현금을 마련하겠는가. 이 돈이 얼마나 큰돈인가. 그 돈으로 도모할 수 있는 인생은 얼마나 다양한가. 3억 원이 불러내는 활력은 선진국 어느 나라에서도 크다. 잃는 것은 소액이요, 얻는 것은 자유다. 그 자유는 은행 대출로부터의 자유요, 부모로부터의 경제적 자립이요, 또한 자식의 목돈 마련을 대신해야 하는 부담으로부터의 자유다.

다만 소액의 지출 증가가 발생했다 하더라도 그 지출이 매월 발생하는 것이어서 소득수준에 따라서는 부담을 피하기 어려울 것이다. 그런 부담은 다른 나라에서도 당연히 존재하는 부담이므로 특별할 것은 없지만, 지출이 증가하는 만큼 소득 증가를 꾀함으로써 균형을 맞출 필요가 있다. 그런 균형이 가능하다면, 경제적 부담을 피하면서도 앞서 말한 자유를 획득할 수 있다. 비로소 개인의 자유의지가 뿌리내리는 사회구조를 만들 수 있다. 거기서부터 다시 문명은 발전한다.

새로운 지출과 소득의 균형은 근로소득의 증가, 곧 임금 상승을 통해 이뤄진다. 하지만 회사마다 사정이 다르고 개인마다 차이가 있어서 쉬운 일은 아니다. 결국 맞벌이를 통해 소득의 증가를 도모하는 것이 합리적이다. 임신, 출산, 보육, 교육으로 이어지는 자녀의 생애주기에 대한 책임자는 보통 여성이다. 부모 중 어느 한 명이 일을 하지 않는다면 여성일 가능성이 크다. 결국 맞벌이는 자녀의 인생에 묶이는 여성의 경제활동을 확대한다는 사회적 의미가 있다.

여성의 경제활동은 가계 소득의 증가로 이어진다. 이러한 가계 소득의 증가는 임대료의 부담을 완화한다. 그러나 여성의 경제활동은 자녀의 생애주기에 의해 제한되거나 포기되기 때문에 이를 해결하기 위한 국가적 조치가 필요하다. 그런 점에서 다소 관계가 없어 보이는 보육 인프라의 개선은 목돈사회의 굴레를 벗기는 데 있어 중요한 요소로 작용한다. 말하자면 국가의 보육정책은 여성의 경제활동을 보장할 뿐만·아니라 가계를 안정시키고 소비를 진작하며 사회 경제를 건전하게 만든다. 어쩌면 국가적 관점에서 가장 좋은 부동산정책은 여성이 좀 더 안정적으로 경제활동을 할 수 있는 환경을 보장하는 것일지도 모른다.

마찬가지로 가장 좋은 교육정책은 여성이 자녀 걱정을 하지 않고 경제활동을 할 수 있도록 '엄마를 간섭하지 않는 일'이다. 여성을 매개로 교육정책과 부동상정책이 조우한다. 최악의 교육정책은 아이의 부모를 고려하지 않고 아이만을 생각하는 것이다. 부모에게 죄책감을 갖게 하고 부모의 사회활동을 심리적으로 침해하면 아빠보다는 엄마가 경제활동을 포기할 가능성이 크다. 엄마의 시간과 엄마의 심리를 공격하는 교육정책은 회사에서의 여성에 대한 차별대우보다 훨씬 심각한 여성 경제활동의 장애물이다.

금융 규제 완화를 둘러싼 논란

한국 고유의 보증금 제도는 금융산업이 발전하지 못한 상황에서 태동했다. 주거보증금은 '사금융'의 일환이었다. 그런 역사를 고려해볼 때 금융산업을 억제하고 금융상품을 규제한다면 보증금 제도를 없애기는 어려울 것이다. 보증금 목돈을 없애는 방법은 그렇게 어렵지 않다. 다음 두 가지 가운데 하나를 선택할 수 있도록 '국민'한테 보장하면 된다. 보증금을 요구하지 않는 정상 월세의 매물이 많아서 임대주택에서 살든가, 아니면 주택을 어렵지 않게 구입할 수 있든가…. 이 두 가지를 선택하는 데 어려움이 없는 환경이라면 자연스럽게 목돈게임을 멈추게 할 수 있다. 노동의 성실함으로 인생을 설계할 수 있는 좀 더 개선된 사회 환경이 만들어진다. 그러나 이 두 가지 방법 중 어느 하나가 불충분하다면 목돈게임은 여전할 것 같다. 개인의 임금 소득보다는 부모의 재산이 부를 증식하는 수단이 되고, 재산이 소득을 압도하는 사회, 우리는 무엇보다 이런 사회를 조속히 청산해야 한다. 목돈사회에서 소득 중심 사회로, 체념에서 활력으로. 재산은 언제나 운세처럼 즐겁지만 소득에 의해 인생이 설계되어야 한다. 그리고 노동이 소득을 일으키는 사회만이 잊혀진 활력을 재생산할 것이다.

첫째, 보증금을 요구하지 않는 정상 월세의 매물이 많아지기 위해서는 동어반복이 되겠지만 민간의 임대주택 시장이 그렇게 작동해야 한다. 하지만 그렇게 되기까지는 적지 않은 시간이 걸릴 것 같다. 주거보증금 제도가 이 사회의 상식이 되었기 때문이다. 시장에서 임대인들은 좀 더 큰 크기의 보증금과 좀 더 많은 월세를 받길 원한다. 그들에게 있어 합리성은 적절함이 아니라 더 많은 수익이다. 따라서 세입자가 고통을 겪는다. 약자가 강자에게 거금의 돈을 빌려주고 거기에 더해서 매월 임대료를 지급한다. 강자보다는 약자가, 부자보다는 서민이, 어른 세대보다는 젊은 세대가 고통을 겪는다. '시장의 정상화'를 위해 공공 부문의 정책적 마중물이 필요하다. 그것이 바로 앞서 말한 모든 소득계층이 이용할 수 있으며, 다양한 평형대가 공급되는 '보편적 공공임대주택 사업'이다. 보증금을 마련하지 않아도 좋고 게다가 매월 지불해야 할 월세 또한 비싸지 않은 공공임대주택이 많다면, 민간 임대주택 시장의 월세 금액도 합리적인 수준으로 자연스럽게 억제될 수 있다. 그러나 공공 부문이 강화되기까지는 시간이 걸리는 법이고 시장을 모두 커버할 수 있는 것도 아니라는 게 숙제다. 민간 부문에서는 보증금이 줄어드는 만큼 월세 금액이 커지고 있는 추세다. 다양하고 섬세한 창의성이 필요하다.

둘째, 주택 구입의 용이함에 대해 생각해보자. 월세에 대한 경제적 부담보다는 빚으로부터의 자유라는 가치를 더 중시하는 사람이 있겠다. 그들은 가계 소득으로 월세 부담을 감당할 것이다. 하지만 매월 부담하는 월세를 아까워하는 사람도 많을 터다.[17] 또한 계약 기간에 대한 스트레스에서 벗어나기를 원한다거나 타인의 방해가 없는 안정적이며 영속적인 거주를 원하는 사람도 있을 것이다. 빚으로부터의 자유보다는 공간에 대한 완전한 지배를 중시하는 사람은 주택 구입을 욕망한다. 대출금액을 상환할 능력이 있다면 은행은 개인의 생활에 전혀 개입하지 않는다. 주거지에 대한 소유 욕망은 자연스러운 시장의 수요를 만든다. 문제는 이것이다. 정말로 주택 구입이 용이한가.

무엇인가를 산다는 것은 가격과 현금의 관계 문제다. 돈이 있다면 무엇인가를 살 수 있다. 큰돈이 있다면 좀 더 비싼 물건을 살 수 있다. 물건 가격을 지불할 만한 현금이 충분하다면 구매는 어려운 일이 아니다. 물건 가격이 현재 보유하고 있는 현금보다 더 높거나 부담이 되는 경우라면 할부를 통해 구입할 수 있다. 신용의 마법이다. 신용의 마법이 특별한 것은 아니다. 안정된 소득의 연금술이 신용의 마법을 만들었을 뿐이다. 현금으로

---

[17] 월세가 아깝지만 그렇다고 해서 주택을 구입할 경제적 능력이 있는 것도 아닌 소득층이 있겠다. 그런 이들에게 주택을 구입하도록 부추겨서는 안 된다. 그들을 위한 주거정책은 주택 구입 지원이 아니라 안정적인 임대거주가 보장되도록 하는 것이다.

주택을 구입하는 것은 탁월한 부자를 제외한다면 극히 드문 일이다. 결국 신용을 사용한다. 안정된 소득이 없다면 주택 구입은 어렵다. 신용이 적기 때문이다. 주택 구입의 용이성은 안정된 소득을 이용해 할부로 구매할 수 있느냐의 문제가 된다. 주택 가격이 지나치게 높으면 미래 소득으로도 감당하기 어렵다. 서울의 평균 주택 가격은 4억 원을 넘지만 가계 소득의 상위 40%만 연간 소득이 5,000만 원을 넘는다. 이 중 총소득에서 총지출을 뺀 금액은 연간 1,367만 원에 불과하며,[18] 가장 최근 통계자료를 봐도 가계의 저축 가능 금액은 최대 월 90여만 원에 그치고 있다.[19] 따라서 서울의 주택 가격은 소득 대비 지나치게 높은 수준이고, 한국인의 소득수준으로는 주택 구입이 용이하지 않은 게 현실이다. 좀 더 쉽게 주택을 구입할 수 있으려면 주택 가격이 지금보다 많이 떨어지거나 소득이 지금보다 크게 향상될 필요가 있다. 인위적으로 그런 상황을 만들기는 몹시 어렵지만 어쨌든 정책적인 국면에서 그렇다는 이야기다.

이런 상황에서도 안정적인 소득이 있고 미래 소득이 현재 소득보다 커질 것을 기대하는 사람들이 있다. 이들은 금융기관의 도움을 받는다. 신용이 화폐다. 신용이 없었다면 오늘날의 건설시장이 없었을 것이다. 신용이 확대되면 주택 수요가 팽창된

---

18 통계청, 〈2012년 가계금융/복지조사〉
19 통계청, 〈2014년 2/4분기 가계동향조사〉

다. 반면 금융기관의 도움을 받지 못한다면 원하는 주택을 구입할 수 없다. 정부가 금융기관의 신용 대출을 규제하면 수요가 억제되며 가계 부채 비율을 통제할 수 있다. 경제학적 관점이다. 주택을 구입하려는 개인의 의사가 국가 권력에 의해 좌절된다. 철학적 관점이다. 국가의 금융 규제에 대해 좀 더 상세히 살펴보자.

 (1) 오늘날 시장의 활력은 신용에 있다. 신용이 개인의 경제활동에 강한 영향을 미친다. 신용의 유무와 크기에 따라 인생에 대한 개인의 자율성이 결정되곤 한다. 규제로부터 비롯되는 신용경색은 개인의 자율성을 침해하며, 시장의 활력을 억누른다. 진보적인 정치 입장을 가진 사람들은 시장의 활력을 부자들의 이익 증가와 연관시킨다. 틀린 말은 아니다. 자본주의 사회에서의 활력은 돈이 더 많은 사람들에게 더 큰 이익을 가져다준다. 하지만 시장의 활력을 통해 서민들이 얻는 기회를 부정할 수 없고, 무엇보다 시장의 비활력으로 말미암은 부자들의 고통보다 서민들의 고통이 더 크다는 사실을 함부로 외면해서는 안 된다. '사악한 존재'로 각인되어 있는 부자의 존재를 일단 생각에서 지워놓고 보면 좀 더 많은 것을 볼 수 있다. 강자를 견제하는 것이 곧 정의가 아니다. 약자의 고통을 덜어주는 것이 우선 이루어져야 한다. 고통은 절대적인 개념이 아니다. 똑같은 고통이라도 강자보다 약자에게 더 큰 아픔을 준다. 약자의 고통을 충분히 경청

한 다음에 강자의 짐에 대해 생각하는 것이 순리가 되겠다. 신용 또한 그러하다.

(2) 가장 바람직한 신용은 물건이 아니라 사람이다. 신용이 투자를 부르고, 사람에 투자함으로써 개인과 사회 모두에 활력이 생기기 때문이다. 반면 가장 안심할 수 있는 신용은 사람이 아니라 물건이다. 사람은 실패할 수 있으나 물건은 실패를 모르기 때문이다. 대부분의 금융기관은 사람보다 물건을 중시한다. 그 사람의 능력과 성실함으로 비롯되는 소득 기준의 신용보다는 그 사람이 보유한 재산을 기준으로 한 신용을 셈한다. 사실 재산은 신용이 아니다. 신용은 미래 가치를 확신하는 능력을 의미하지만 재산은 현재 가치를 확신하는 물건이기 때문이다. 도래하지 않은 미래를 어느 정도 믿을 수 있겠느냐는 의미로 신용이라는 단어를 사용한다. 잘못 판단하면 신용불량의 손해가 생긴다. 반면 재산은 망실되지만 않는다면 확실히 보답해준다. 그래서 그것을 '신용'이라 부르지 않고 '보증'이라 부른다. 그중에서도 가장 크고 확실한 보증이 바로 부동산이다. 부동산 보증을 '담보'라 부른다. 이와 같은 맥락으로 금융기관의 대출은 담보대출이 주를 이룬다. 마찬가지로 한국의 대출규제는 담보대출을 향한다.

(3) LTV$^{Loan-To-Value\ Ratio}$(담보인정비율) 규제는 주택 관련 대출 업무에 관한 대표적인 금융 규제다. LTV 비율이 70%이고, 주택 가

격이 1억 원이라면 은행은 7,000만 원만 대출해줄 수 있다는 것이며, 따라서 구매자는 3,000만 원의 현금을 보유하고 있어야 한다. 서울시의 평균 주택 가격이 4억 원이라고 할 때, 은행에서 담보대출로 집을 구매하기 위해서는 적어도 1억 2,000만 원의 현금이 있어야 한다. 직장 생활을 한 지 얼마 되지 않은 젊은 사람이라면 도저히 마련할 수 없는 현금이다. LTV 규제의 긍정적 의미가 어떠하든, 이는 결과적으로 부모의 도움이 없다면 주택을 구매할 수 없다는 현실 논리를 부른다. LTV 가이드라인은 정부의 행정력으로 은행을 규제하는 것이며, 따라서 국가가 시장을 통제한다는 의미다. 만약 LTV 규제를 폐지한다면 어떨까? 현금이 없어도 주택을 구매할 수 있다. 그(그녀)가 어떤 출신이든 간에 자신의 능력과 소득에 걸맞은 주택 구입이 가능해진다. 반면 빚을 이용한 투기 바람이 조장될 수 있으며, 통계적으로 가계 빚이 증가한다. 전자는 개인의 인생과 시장에 활력을 불러올 수 있다는 긍정성이다. 후자는 투기로 개인의 인생과 시장을 교란할 수 있다는 부정성이다. 만약 후자의 염려를 막을 조치가 있다면 LTV 규제를 폐지하는 것이 현실 논리에 적합하다. 그 조치가 잠시 후에 다시 언급할 DTI 규제다.

이상적으로는 '무주택자'에 대한 LTV 규제를 걷어내고 은행 자율에 맡기는 것이 좋다. 그래서 소득과 신용에 따라 은행 대출을 이용할 수 있는 환경을 조성해줘야 한다. 안정적인 직장에서 근무하고 있다면 안정적인 소득이 있다는 의미이며, 여기에 개인의 성실함과 고용 안정 인프라가 더해진다면 소득의 안정이 더 많이 확보된다. 직장이 있는 사람이라면 자신의 안정된 소득에서 비롯되는 신용을 이용해 은행을 찾을 수 있다. 은행이 판단하건대 다른 결격 사유가 없고 대출 신청자의 신용을 신뢰할 수 있다면, 주택 가격의 전부를 대출해줄 수 있도록 하는 게 바람직하다. 함부로 국가경제 담론을 말하기 전에 직장인의 고심 가득한 선택을 좀 더 존중할 필요가 있다.

이런 이야기가 새로운 것도 아니다. 오히려 상식적이며 흔한 관념이다. LTV 규제는 2002년 9월에 도입되었을 뿐이고, 이 규제 자체가 오히려 예외적인 조치였다. 그 전에는 담보대출의 제한이 없었다. 금융기법이 발전한 나라에서 은행과 개인 사이의 거래인 주택대출의 담보비율을 국가가 직접 규제하는 것은 예사롭지 않다. 현재 한국 사회의 LTV 규제는 70%이며, 은행은 주택 담보 가치의 70% 이상에 달하는 돈을 개인에게 대출해줄 수 없다. 수요자는 30%에 이르는 현금을 별도로 갖고 있어야 한다.

(4) LTV 규제 장벽이 없어진다면 어떤 장점이 있을까? 개인의 자율성이 증가한다. 자기 소득에 따라서 보증금 없는 정상 월세로 임대해 살거나(그와 같은 임대주택이 많아야 하기 때문에 앞서 말한 보편적 공공임대주택사업이 매우 중요하다.) 혹은 장기 모기지론으로 주택을 구입하는 방법을 선택할 수 있게 된다. 우월한 부자들

은 어떤 시스템이든 문제없을 터여서 크게 고려하지 않아도 좋겠다. 위와 같은 사회 환경이 조성되어야만 비로소 젊은 세대가 부모의 도움 없이 경제적으로 자립할 수 있다. LTV 규제를 없앤다면 어떤 단점이 생길까? 이론적으로 아무런 소득이 없더라도 주택을 구입하는 것이 가능해지며, 그것이 투기를 부른다. 채무가 없는 1주택자는 그것을 담보로 두 번째 주택을 구입할 수 있다. 다시 두 번째 주택을 담보로 세 번째 주택을 구입할 수 있다. 이와 같은 연쇄적인 담보대출은 확실한 투기를 조장한다. 이 연결 고리는 끊어야 한다. 소득 없이 이루어지는 주택 담보대출을 막기 위해 무주택자가 주택을 구매할 때 혹은 이사를 이유로 일시적으로 2주택자가 될 때에 한해서 LTV 금융 규제를 폐지하는 것이 바람직하다.

(5) 주택 담보대출은 투기를 부른다. 반면 소득수준에 기반을 둔 담보대출은 투기를 억제한다. 소득수준을 초월하는 대출은 개인이 감당하기 어려울 뿐만 아니라 은행의 부실을 초래할 수 있으므로 이를 방지하기 위해 DTI$^{\text{Debt-To-Income Ratio}}$(총부채상환비율) 규제가 고안되었다. DTI 규제는 2005년 8월에 처음 도입되었다. 이에 따라 수도권 전 지역에서 대출금 상환비율이 60%를 넘을 수 없다. 대출을 받은 사람은 원금과 이자를 상환해야 한다. 연소득이 5,000만 원이라면, 연간 대출 원금과 이자 상환액의 합계가 연소득의 60%인 3,000만 원을 넘으면 안 된다는 이야기다.

그런데 월소득 417만 원 중에 대출금 상환액이 250만 원에 이른다면 이는 확실히 소득수준을 넘은 것처럼 보인다. 이는 원리금 4억 5,000만 원을 연 3%의 대출이자와 20년간 원리금 균등상환의 장기 대출 방식으로 계산했을 때의 금액이다. 서울 아파트 평균 매매가격이 4억 4,281만 원이다. 같은 조건으로 30년간 원리금 균등상환을 하면 매월 190만 원가량을 상환하게 된다. DTI 비율은 45.6%로 떨어진다.[20] 단기 대출은 DTI 규제를 강화한다. 장기 대출은 DTI 규제를 완화한다. DTI 규제를 강화한다거나 폐지할 필요는 크지 않을 것 같다. 대출 기간을 늘림으로써 매월 생기는 가계 부담이 적어지고 그에 따라 은행의 부실 위험도 줄어든다.

(6) 이처럼 단기 대출의 경우 DTI 규제를 강화할 필요가 있을 것이다. 그러나 노동시장에서 안정적인 소득을 창출하는 사람의 장기 대출에서는 DTI 규제가 큰 의미를 갖지 못한다. 결과적으로 장기 모기지론의 보편화가 필요하다. 원리금 상환을 유예하는 5년짜리 단기 대출은 투기 목적의 수요를 부른다. 장기 모기지론으로 신속히 원리금을 상환하도록 한다면 투기 목적의 대출이 아닌 소득에 맞는 대출로 적절히 통제될 것이다.

(7) LTV 규제를 없애자고 말하면 사람들은 걱정한다. 금융

---

20 그럼에도 190만 원은 여전히 큰 지출이다. 소득수준에 맞게 주택 가격이 하락해서 대출금액이 더 적어진다거나, 혹은 모든 소득계층이 자기 소득에 따라 장기간 이용할 수 있는 다양한 평형대의 공공임대주택이 있어 그곳에서 부담을 줄일 수 있다면 좋겠다.

규제의 완화를 주장하는 사람들은 '경기 활성화'의 필요성을 주장한다. LTV 규제가 사라진다면 담보대출로 주택을 쉽게 구매할 수 있게 되고, 그에 따라 건설사와 부동산업자의 적극적인 마케팅이 주택 구매 활동을 자극할 수 있다. 한편으로는 집을 팔고자 하는 사람이 수월하게 자금화를 실현하고, 다른 한편으로는 건설사의 분양사업이 잘 이뤄질 수도 있겠다. 경기 활성화 담론은 돈은 돌아야 한다는 단순 논리에 기초한다. 그 돈의 상당수는 자기 재산을 현금화하려는 사람에게 돌아간다. 결국 재산을 가지고 있던 사람에게 돌아가며, 부자들이 특히 유리할 것이다. 이 경기 활성화 담론은 부자에게 돈을 몰아주고 낙수효과를 기대하는 경기 활성화로 해석될 여지가 있기는 하다.

한편 금융 규제 완화에 신경증적인 태도를 보이는 사람들은 '빚'을 걱정한다. 투기에 의한 집값 상승과 가계 부실을 우려한다는 맥락이다. 국가가 국민에게 빚으로 집을 사라고 권하는 것이냐며 규제 완화를 비판한다. 그들의 거시적인 우려가 허무맹랑하지는 않다. 현재의 집값 수준은 소득수준을 넘어서 있기 때문에 그들의 주장을 납득하지 못할 바가 아니다. 그들은 거시적인 경제학적 관점으로 금융 규제를 부정적으로 바라본다. 그러나 나는 거시적인 인간학적 관점으로 금융 규제에 전향적인 태도를 권한다. 건설 경기를 활성화하자는 것도 아니며, 그렇다고 국민에게 빚을 권하는 의미도 아니다. 자립 가능한 사회를 위해서는 자기 소득만으로 집을 살 수 있어야 하며, 그런 환경을 만들기 위해서라도 집을 구매하는 자에게 반드시 목돈을 갖출 것을 요구하는 LTV의 폐지가 필요하다. 이것이 폐지됨으로써 비로소 자식의 주거보증금이나 주택자금을 지원해야 하는 속박에서 부모들이 벗어날 수 있다. 이런 거시적인 가치를 생각한다면 오히려 LTV 규제를 금지시키는 것이 더 바람직하리라.[21] 이는 또한 기성세대가 아랫 세대에게 덧씌운 무거운 짐을 걷어내기 위한 것이기도 하다. 기성세대는 그 어떤 금융 규제도 없이 투기하면서 재산을 모아놓고, 현재는 아랫 세대에 온갖 규제의 덫을 설치해놓았다. 자기들은 혜택을 누렸으면서 그 부작용을 후배 세대에게 떠넘기는 것 중의 하나가 바로 금융 규제다. 이런 금융 규제의 문턱을 없앰으로써 사회를 개선할 수 있음을 인식한다면 금융 규제 신경증은 상당히 잦아들지 않을까?

다시 요약하자면 이러하다. 규제의 영향력은 모든 사람에게 공평하게 적용된다. 그런데 규제로부터 비롯되는 고통은 공평하지 못하다. 규제는 부자를 제약하기도 하겠지만 약한 사람이 더 큰 고통을 느낀다. 현재 제도에서는 집값의 30%에 해당하는 현금을 젊은 세대들이 보유하고 있어야 한다. 그러나 그들의 짧은 직장 경력과 저축 수준을 고려했을 때 가족의 도움 없이는 불가

---

[21] 개인적으로는 LTV를 가급적 은행 자율에 맡기되, 담보가액의 90%에 이르도록 하는 것이 적당하다고 생각한다.

능하다. 주택 가격이 지금보다 많이 떨어지더라도 마찬가지다. 부모의 경제적 지원이 없다면 집을 구매할 수 없다. 요컨대 LTV 규제는 자녀의 경제적 자립을 막고 있을 뿐더러 자식에 대한 부모의 경제적 지원을 사회적으로 의무화하는 부작용이 있다. 반면 LTV 규제의 철폐는 장기적 관점으로 부모 세대의 노후 복지에 도움을 준다. 자녀의 능력만으로 주택을 구입할 환경이 조성되기 때문이다.

(8) 현재와 같은 높은 수준의 가계 부채는 사실상 '어른들이 만들어놓은 빚'이다. 기성세대의 투기 욕망이 지금의 가계 부채를 만들었다. 젊은 세대는 아무것도 하지 않았고 어떤 것도 할 수 없었다. 어째서 어른 세대의 잘못에서 비롯된 멍에를 젊은 세대가 짊어져야 하는가? 어째서 우리는 이 문제를 외면하고 침묵하고 있었을까? 이제 와서 거시적인 국가경제를 말하지만 기성세대의 담론 속에는 한국의 세대 양극화라는 실존이 있다. 그 세대는 너무 많은 일을 저질렀고 너무 많은 말을 했다. 그 대가를 아랫 세대가 치러야 한다.

(9) LTV 규제를 없애서 은행 자율에 맡긴다면 전세제도는 더욱 빠른 속도로 사라질 것이다. 전세 수요가 구매 수요로 방향을 바꿀 가능성이 크기 때문이다. 가능하다면 전세보다는 집을 구매하는 것이 좋다. 돈을 회전시킨다는 이유여도 좋고 경기 활성화라는 명목이어도 좋다. 무엇보다 '젊은 세대의 자립'을 촉진

할 수 있는 방안은 여러 가지일수록 좋다. 그런 점에서 앞서 말한 보편적 공공임대주택이 반드시 병행되어야 한다. 안타깝게도 모든 세대의 소득수준을 고려할 때 수도권 주택 가격은 지나치게 높다. 그것이 한국 사회의 경제적 생산성을 갉아먹는다. 젊은 세대의 소득수준만을 놓고 보자면 더욱 심각하다. 금융 규제를 철폐하더라도 현재 수준의 주택 가격으로는 젊은 세대가 은행의 도움을 받아 주택을 구입하기란 쉽지 않을 터다. 그러므로 다양하고 저렴한 공공임대주택을 쉽게 이용할 수 있어야만 수요자에게 선택의 여지가 생긴다. 보증금 없는 정상 월세의 저렴한 공공임대주택이 많아야 민간 임대주택의 높은 보증금 요구와 월세 폭등을 막을 수 있다. 또 그래야만 투기에 맞물리는 집값 상승을 억제할 수 있다. 이것은 주택 가격을 안정화하는 선순환 구조를 만든다. 그 원리는 대체로 간단하다. 은행에 빚을 져서 심리적 압박감을 느끼는 것보다 매월 월세를 부담하면서 자유롭게 인생을 사는 사람들이 늘어나면 늘어날수록 집값 상승은 억제된다. 오히려 주택 가격은 자연스럽게 하락할 것이다. 그러려면 다시 원점으로 돌아가서 보증금 없는 정상 월세의 수요가 많아져야 한다. 요컨대 금융 규제를 과감하게 완화하는 방안과 보편적 공공임대주택사업은 한 쌍으로 이루어져야만 비로소 막대한 주거보증금이 왜곡한 한국 사회를 정상적으로 개선할 수 있다.

한편 모든 금융 규제를 철폐하자는 것은 나의 견해와 무관함을 밝혀둔다. 어떤 금융 규제는 없애거나 개혁하고, 또 어떤 금융 규제는 오히려 강화해야 하겠다. 이를테면 전세금 대출은 규제해야 한다. 전세제도는 목돈사회라는 한국 사회 특유의 병폐를 만들었다. 그러므로 국가가 권장해서는 안 되고, 은행으로 하여금 전세금 대출상품을 축소하거나 폐지하도록 유도하는 것이 바람직하다. 또한 원리금 상환을 유보하는 신규 단기 가계대출은 중단하고 여러 가지 형태의 장기 모기지론으로 전환될 수 있도록 정부의 정책적 영향력을 강화해야 한다.

3장
세대 양극화

결혼, 단체전의 백미

목돈게임의 규칙은 간단하다. 목돈을 가져오면 이기는 것이고 그렇지 않으면 지는 것이다. 목돈사회는 목돈게임의 패자에게 종국적인 패배를 선언하지 않는다. 패자가 죽을 때까지 콜로세움에서 벗어나지 않도록 만든다. 나만 있는 게 아니라 내 자식들이 있다. 부모는 자식의 목돈을 마련해줘야 한다. 이것이 목돈사회의 잔인함이다.

목돈을 단번에 마련할 수 있는 방법으로 세 가지가 있다. 10년 일해서 저축한 돈보다 더 많은 돈을 버는 방법이다. 로또, 도박, 그리고 결혼이다. 이 가운데 대낮에 떳떳하고 거창하게 그러면서도 확실하게 거금을 쥐는 방법이 있다. 결혼이다. 목돈게임은 개인전이 아니라 단체전이라는 사실이 중요하다. 결혼은 이 단체전에서 가장 중요한 행사다. 혼인을 맞이해 서로 다른 두 가족이 돈을 모은다. 혼인은 돈을 부른다. 혼인이 없다면 목돈 마련은 연기된다. 단체전으로 목돈게임에 임하는 것이 가능한 한, 이 실패를 모르는 방법은 워낙 획기적이어서 혼례 사치를 부른다. 거금이 모이므로 치장할 만하다. 결혼을 맞이하는 양가의 가족은 장식미를 탐한다. 서로 무엇을 장식할지 역할을 배분하며 요구한다. 이것이 다툼의 불씨가 되지만 가족의 권한은 존중받는다. 권한은 권위와는 다른 것이다. 이 결혼에 재정적으로 참여했기 때문에, 당사자들이 도저히 마련할 수 없는 크기의 목돈을 지원하는 까닭에, 부모를 위시해 그 결혼할 자식의 가족은 결혼 당사자의 인생에 대한 권한을 취득한다. 그 권한을 존중한다면 결혼이라는 축제를 통해 목돈이 모인다. 단체전의 백미.

명징한 현실은 통계에 의지하지 않아도 알 수 있다. 우리가 온몸으로 알고 있기 때문이다. 그런 경우 통계 테이블에 기호를 채워넣는 작업은 그저 수고로운 놀이일 뿐이다. 나는 모호한 통계보다 분명한 현실을 신뢰한다. 통계에는 모서리가 없다. 모난 곳을 둥글게 만들고 현실의 뾰족함과 날카로움을 순화한다. '개인'의 고통은 이 온화함 속에서 자주 은폐된다. 물론 알지 못하거나 모호한 현실에 대해서는 통계가 빛을 발할 때가 있다. 그러나 당신과 내가 모두 잘 알고 있는 현실에 대해 통계는 흥미로운 장난감 같은 것이다. 말하자면 통계는 레고다.

표 3-1 결혼 당사자가 부담하는 우리나라 결혼 비용

구분	총 결혼 비용	결혼 당사자 부담 비용	결혼 당사자 부담 비율
남성	9,588.1	4,443.2	46.3%
여성	2,883.3	1,450.7	50.3%

(금액 단위: 만 원 / 2012. 보건복지부, 〈전국 결혼 및 출산 동향조사〉)

표 3-1의 '레고 통계'는 우리나라 결혼 동향에 있어 평균적으로 부담하는 목돈 비용의 크기를 나타낸다. 결혼이라는 행사를 통해 신혼부부는 1억 원이 넘는 목돈을 마련한다. 결혼할 때 남자는 가족(단체전에 임하는 가족이 없을 경우에는 은행)으로부터 결혼 비용의 53.7%를 지원받는다. 여자의 단체전 재정 참가 비율은 49.7%다. 결혼 전까지 남자가 열심히 일해서 마련한 돈은 4,400만 원을 조금 넘는 수준이다. 이 중 일부는 은행에서 빌린 빚일 수도 있다. 여자의 여력은 고작 1,450만 원을 조금 넘을 뿐이다. 반올림해서 6,000만 원이 결혼하는 두 남녀가 마련할 수 있는 단순 목돈의 크기다. 그러나 결혼식을 통해 1억 2,000만 원이 넘는 목돈을 마련한다. 100만 원을 걸면 200만 원을 확실히 받을 수 있는 후덕한 행사, 이것이 곧 혼례라는 축제의 경제적 효과다.

이 레고 통계에는 두 '닌자'가 있다. 첫 번째 닌자는 이 통계의 표본이다. 주기적으로 조사하는 정부 공식 통계임에도 분석 대상 표본은 남성의 경우 99명에 불과하고, 여성의 경우 320명에 불과하다는 사실에 주목해야 한다. 애초 이 통계는 남녀 1만 3,385명을 표본으로 했지만, 결혼 비용에 대해서는 419명만 응답했을 뿐이다. 응답율 3%. 감추고 싶은 게 있는 모양이다. 2013년 한국소비자원의 닌자들은 감추고 싶은 것을 찾아냈다. 최근 2년 내 결혼식을 치른 당사자 혹은 혼주 1,000명을 상대로 설문조사를 했다는 것인데, 약혼식이니 예단이니 예물이니 혼수니 웨딩홀이니 드레스니 신혼여행이니 등 결혼식을 치르는 데에만 사용된 비용이 1인당 평균 5,198만 원이었다. 주택 마련(전월세 보증금 포함)은 별도였으며, 주택 구입은 신혼 가구당 평균 2억 7,200만 원이었고, 전세보증금은 1억 5,000만 원, 월세보증금은 1,900만 원이었음을 증언한다. 월 300만 원 이하의 소득을 올리는 가구인 경우에도 평균 2억 6,100만 원의 주택 마련 비용을 지출한다고도 말한다.[1]

물론 위와 같은 2013년 한국소비자원 실태조사를 액면 그대로 믿어야 할 것까지는 없다. 몇 가지 조사 결과는 의심스럽다. 그렇지만 결혼 비용으로 평균 2억 원에 이르는 돈이 필요하다는 지금의 세태는 충분히 확인할 수 있다. 서울이라면 더 많은 돈이 필요할지도 모른다. 이게 어디 결혼 당사자들의 주머니에서 나왔겠는가. 결혼은 단체전이다. 좋은 시기에 태어나서 일찍 결혼한 어른 세대는 감사할 줄 알아야 한다.

두 번째 닌자는 한국 사회의 초혼 연령이다. 2012년 통계에 의하면 남자는 32.1세가 되어서야 초혼을 하며, 여자는 29.4세에 이르러서야 드디어 혼인 서약을 한다(통계청, 〈2012년 혼인이혼통계〉. 서울의 경우는 남자 32.44세, 여자 30.24세). 서른 살을 넘어서도 경제적 자립을 할 수 없으며, 자기 힘으로는 주거보증금을 마련할 수

---

[1] 한국소비자원 시장조사 13-17 〈결혼 비용 실태 및 소비자 인식 조사〉

없다는 현실을 이 두 번째 닌자가 적나라하게 보여준다. 설령 주거보증금을 마련하더라도 그 돈은 금세 남의 것이 된다. 법적으로는 내 것이지만 현실적으로는 내 것이 아닌 대한민국 목돈의 묘한 정체성이다.

한편, 한국주택금융공사가 실시한 '2012년도 주택금융 및 보금자리론 수요실태조사' 결과(2013년 8월 27일자 「연합뉴스」)라는 또 다른 레고가 있다. 이 통계자료는 표본 5,000가구에 대한 조사분석 자료다. 이에 따르면 2012년 기준으로 대한민국 전세보증금의 평균 금액은 1억 183만 원이며, 반전세의 평균 임차보증금은 4,490만 원이라고 한다. 시골을 포함한 전국의 평균값이므로 이 수치가 현실을 제대로 반영하기에는 역부족이다. 그래도 가족의 도움이 없다면 전세는 생각할 수 없다는 사실 정도는 알려준다. 당사자들이 평생 모은 자금으로는 시골을 고려한 전국 평균 월세보증금만을 겨우 충당할 수 있을 뿐이다.

보증금 마련이 어렵다거나 남에게 거금을 내맡기는 것을 원하지 않을 수도 있겠다. 그런 사람들에게 아예 방법이 없지는 않다. 욕망의 아래층으로 내려가면 된다. 낡은 연립주택이나 빌라의 월세 매물을 찾아볼 수도 있을 것이다. 좀 더 한적한 외곽에서 아파트를 찾는 것도 하나의 방법이다. 도심보다는 저렴하다. 그렇지만 이것도 말이 쉽지 현실에서는 어렵다. 젊은 남녀가 결혼할 무렵에 욕망의 계단은 대개 위를 향한다. 그리고 양가

집안이 결혼을 계기로 목돈 마련에 참여한다면, 재정 참여의 권한으로 말미암아 검소한 주거 생활에 반대할지도 모른다. 만약 50~60만 원의 월세 금액이 부담되는 신혼부부라면 보증금 일이천만 원 또한 매우 큰돈이다. 1,000만 원이 얼마나 큰돈인지는 가난을 경험해본 사람은 안다. 그런 큰돈을 여전히 부담해야 한다.

혼례 사치는 당사자만의 결혼이 아니라 가족 간의 결혼이기 때문에 생기는 것처럼 보인다. 하지만 가족 간의 결혼이라는 혼례 의식은 인류의 보편적인 관습이어서 단지 그것 때문에 사치가 발생한다고 말하기 어렵다. 한국에서 혼례 사치가 만연된 까닭은 결혼이 목돈을 모으는 불패의 행사이기 때문이다. 결혼을 통해 경제적 신분을 세탁할 수 있다. 만지는 돈의 크기가 커지면 씀씀이도 커지게 마련이다. 억대의 목돈을 만지게 되면 수십만 원의 지출은 말할 것도 없고 수백만 원의 지출에도 대범해진다. 이런 심리 상태가 자연스럽게 혼례 사치를 유발한다. 게다가 누구나 결혼을 특별하고 각별하게 기념하고 싶어 한다. 이렇게 해서 혼례 사치가 한국 특유의 문화가 되었다. 가난한 집안에서 태어난 사람들은 결혼할 때 고생할 수밖에 없다.

결혼함에 있어 목돈이 필요하지 않은 세상을 상상해보는 것은 어떤가. 다른 나라처럼 주거보증금 없이도 신혼집을 구하는 데 어려움이 없는 세상을 상상해보자. 또 앞서 통계에서 본 것처럼 결혼 즈음에 당사자들이 5,000만 원의 현금을 쥐고 있다고 가정하자. 그러면 집을 사지 않는 이상 추가로 돈이 필요하지 않은 까닭에 부모의 지원은 필수적이지 않다. 결혼 당사자들이 경제활동을 하고 있다면 형편에 맞는 임대주택을 구하고 함께 힘을 모아 월세를 감당하기만 하면 된다. 목돈은 두 남녀의 결혼을 방해하지 못한다. 부모는 결혼식 비용에 보태 쓰라는 정도의 금액으로, 요컨대 축하의 마음을 표현하는 데 그칠 것이다. 어떤 방식으로든 부모의 경제적 도움 없이도 결혼을 할 수 있다. 목돈 때문에 결혼을 미루지 않아도 된다. 그러나 이 사회는 신혼부부에게 목돈을 요구한다. 대부분의 임대주택은 태연하게 보증금을 요구한다. 결혼이라는 축제를 통해 목돈을 모아야 한다. 부모가 자식에게 할당된 목돈을 지원해야 한다. 이것이 한국의 현실이다. 그렇게 축제를 벌여가며 어렵게 마련한 목돈은 주거보증금 조로 남의 계좌로 들어간다. 목돈을 사용할 자유는 없다.

당신이 정치인이고 시민운동가라면 목돈 때문에 결혼을 포기하는 젊은이들에 대해 뭐라고 말하겠는가. 나는 마땅히 알맞은 말을 찾지 못했다. 그들은 부유하지 못한 부모를 뒀기 때문에 목돈게임에 단체전으로 응할 수 없다. 사회가 요구하는 목돈의 크기는 지나치게 크다. 개인의 성실함을 초월한다. 남들은 단체전으로 목돈을 마련하는데 가난한 가족은 개인전을 벌여야 한다. 당신들이 주장하는 정의는 어디에 있는가.

물론 은행에서 돈을 빌려 빛이 아닌 빚으로 결혼 생활을 시작할 수도 있겠다. 어떤 연인들은 '아서라, 세상사' 연애만 하다가 피차 늙거나, 느지막이 헤어질 수도 있다. 이런 모든 현실이 목돈사회의 덫이다. 결혼은 목돈게임 단체전의 백미이지만, 두 가족 모두 연약하다면 역경의 대물림이 잔혹하게 이어진다. 목돈사회는 이렇듯 가족이라는 가장 작은 단체를 돈으로 닦달하거나 핍박한다. 어째서 이 사회는 개인에게 존재에 대한 대가를 요구하는가.

모르핀 중독

모르핀^{morphine}은 그리스 신화에 등장하는 잠의 신 모르페우스에서 유래된 말로, 중독성과 부작용을 일으키는 최후의 진통제로 알려졌다. 1806년 독일의 제르튀르너가 아편에서 분리했으며, 아편에서 분리된 모르핀의 '형제'인 헤로인은 대표적인 마약 가운데 하나로 꼽힌다. 하지만 헤로인과 달리 모르핀은 마약이 아니며, 천연 물질 중에서 엔돌핀을 제외하면 가장 강력한 진통 능력을 가진 것으로 알려져 있다. 모르핀을 과다 투여하면 동공 축소와 호흡 곤란 등의 부작용이 발생하고 심하면 사망할 수 있다. 따라서 모르핀 중독을 경계해야 하지만, 극심한 고통을 이겨내기에는 모르핀만한 게 없다.

지금 우리의 젊은 세대를 보라. 역사상 가장 고학력 세대다. 고등학생 열 명 중 여덟 명은 대학에 들어가는 인재의 나라다. 그럼 정말 '인재'들이 많은 나라냐고 묻는다면 과연 어떻게 대답할 수 있을까. 이 나라의 사정을 모르는 외국인들이야 한국의 교육통계가 대단해 보일지도 모르겠다. 하지만 당신은 알 것이다. 한국에서의 교육은 그저 스펙 쌓기에 불과하다는 현실을. 우리는 기계적 단순미를 체험한다. 학점을 쌓고, 토익^{TOEIC} 점수를 쌓고, 여행지수와 연수지수와 봉사지수 따위의 경험 스펙도 쌓아 올린다. 대학 진학에 몰입하고 또 중독된 것처럼 자기를 뽐낼 수 있는 스펙이라면 무엇이든지 쌓는다. 이 땅의 청년들은 '조선 역사상' 가장 빼어난 스펙을 자랑한다. 독자 선생이 지금 학생이라면 그들의 경쟁 상대가 될 수 없다. 그렇지만 스펙 쌓기에 중독된 대학생들을 비난하고 싶지는 않다. 내가 만일 지금 대학생이라면 저와 같았을 것이다. 채용 담당자가 스펙을 중시하지 않는다고 여러 채널로 말해봤자 학생들은 여전히 스펙 쌓기에 열중한다. 중독은 말린다고 멈춰지는 게 아니다. 집단 심리 현상만큼 강한 중독성 모르핀도 드물 것이다. 왜 그들은 스펙 쌓기에 여념이 없을까? 사람들은 아주 쉽게 취직과 급여 때문이라고 답한다.

하지만 그런 답만으로는 왠지 부족하다. 취직이 이유라면 실업률이 우리보다 높은 나라에서는 스펙 쌓기가 더욱 불타올라야 할 터인데 그건 아닌 것 같다. 실업 문제는 어느 나라에나 있지만 우리처럼 스펙 쌓기에 열중인 나라는 드물다. 주위를 둘러보면 일자리는 여전히 많고 구인 광고는 빽빽하다. 그렇다면 감각적으로 두 가지 이유를 떠올려볼 수 있다. 다른 나라에서는 좋은 일자리가 우리에게는 그리 좋지 못하다거나, 다른 나라에서는 먹고살 만한 급여가 우리에게는 살기 힘든 급여라는 점이다. '우리 실정'에 맞는 좋은 일자리는 드물고, 그래서 스펙이라도 쌓아서 그 드문 일자리를 선점하려는 것이 아니겠는가. 스펙 쌓기의 논리는 명료하다. 스펙이 결국 장차 만질 수 있는 목돈의 크기를 결정한다면 누구든지 스펙 쌓기에 열중해야 한다. 스펙에 의해 어떤 일을 하느냐가 정해진다. 그리고 어떤 일을 하느냐에 따라 어떤 결혼을 할 수 있느냐가 정해진다. 앞에서 말한 것처럼 한국 사회에서의 결혼은 목돈을 모으는 축제이기 때문에 결국 스펙에 의해 수집할 수 있는 목돈의 크기가 정해질 수도 있다.

좋은 일자리? 급여를 성실히 모아도 사회가 요구하는 목돈 마련은 어렵다. 이 사실을 다 알면서도 어른들은 침묵한다. 부모로부터 물려받은 부야말로 가장 좋은 직장이다. 장차 받을 대가의 액수로 이 사회가 젊은이를 핍박하는 것은 아니다. 즉, 적은 급여 때문에 젊은 세대가 괴로운 것은 아니다. 그들이 사회에 '지불'해야 할 돈의 크기 때문이다. 나는 이 사실을 생각날 때마다 강조하고 싶다. 목돈사회에서의 경쟁은 마치 군비 경쟁과 같다. 더 큰 목돈을 기대할 수 있는 유리한 상황을 만들기 위해 과다하게 자원을 동원해 투자한다. 지금 당장 인정받지 못해도 좋다. 서른, 마흔이 되어서도 스펙 쌓기를 중단하지 않는다. 멈추면 지는 것이다. 그러면서 저마다 팽팽해진다. 이것이 스펙이라는 모르핀이다.

목돈사회에서 겪는 청년들의 고통은 이른바 '헬조선'의 실존적인 모습이다. 지옥에서는 모르핀이 필요하다. 스펙 쌓기는 청년들 스스로 행하는 닦달이며 자발적으로 찾는 모르핀 주사다. 스스로 모르핀을 주사함으로써 진통을 억제한다. 이 사회에서 스펙 쌓기는 어쩔 수 없다. 목돈게임이라는 단체전에서 부자 부모를 둔 자식만이 스펙 쌓기를 멈추고 자유롭게 새로운 도전을 모색할 환경을 누린다. '자유롭게 새로운 도전을 모색할 환경'은 특권이다. 출신 성분이야말로 가장 좋은 스펙이다. 더욱 빼어난 스펙을 쌓을 수 있다. 가난한 학생은 목돈게임을 단체전으로 임하는 게 아니라 개인전으로 임한다. 엄청난 핸디캡을 안고 스스로 대학등록금을 마련하느라 동분서주하는 까닭에 스펙 쌓기는 엄두를 못 낸다. 다른 나라 대학생에게는 자연스럽고 당연한 것이 우리나라에서는 핸디캡이 된다.

심각한 고통을 겪는 환자에게 모르핀을 주사하는 건 의학적 자비심이다. 스펙은 모르핀이다. 스펙 쌓기를 중단하는 게 불가능하다면, 차라리 가난한 부모를 둔 학생들이 좀 더 수월하게 스펙을 쌓을 수 있는 틈을 열어주는 것도 괜찮겠다. 인간적 자비심이다. 우리 어른들이 청년들의 고통을 외면하지 않는다면 치료는 어렵지 않다. 그들에게 너무 많은 것을 요구하지 않으면 된다. 그들이 스스로의 힘으로 자립할 수 있게끔 사회가 도와주면 된다. 아니, 사회가 나서서 방해하지만 않으면 된다. 돈 없는 이들에게 그들의 능력을 초월하는 돈을 요구하지는 말자.

여기 두 번째 모르핀이 있다. '청춘 힐링'이다. 청춘 힐링은 근래 들어 상업적으로 성행하고 있는 집단 모르핀이다. 청년 세대가 스스로 주사하는 모르핀이 스펙 쌓기라면 힐링은 어른들이 청년 세대에게 주사하는 모르핀이다. 이 시대의 젊은이들이 극심한 정신적 고통을 겪고 있다는 사실쯤은 우리가 아는 것처럼 '힐러'들도 안다. 그러나 그들의 고통은 마음 상태에서 비롯된 것이 아니다. 그들이 이 사회에 존재하는 방식에서 비롯된 것이다. 그 때문에 힐러들이 치유해줄 수는 없다. 마음이 세상을 받아들이는 방식 때문에 비롯된 고통이라면 병리적인 문제다. 좋은 힐러의 처방이 필요하다. 세상이 개인을 억압하는 방식으로 말미암아 생긴 고통이라면 사회문제다. 이 사회문제에는 여러 가지 요인이 있겠고, 모든 문제가 목돈게임으로 환원될 수는 없을 것이다. 하지만 이 여린 친구들을 도와주지 못할 망정 그들과 그들의 가족에게 '존재에 대한 대가'를 요구하는 것은 지나치게 비정하지 않은가?

청년들의 고통과 막막함을 보라. 이는 세상이 개인을 억압하는 방식으로 말미암아 생긴 것이다. 그렇다고 해도 고통이 심하면 힐러가 놓아주는 모르핀 주사가 유용하다. 어떤 힐러는 고통을 찬미하면서 위로하고 또 어떤 이는 고통을 비난하며 위로한다. 어떤 힐러는 과잉 긍정성이 도포된 페르소나를 권유하지만, 그와 반대로 천 개의 페르소나를 모두 버리라는 악착같은 힐러도 존재한다. 어쨌든 이들은 청년들로 하여금 '생각의 변화'로 인생에 맞서라고 조언한다. 그러는 동안에 잠시 인생의 고통을 잊을 수는 있겠다. 잊는다는 것, 잠시 떠난다는 것. 이따금 연약함조차 빛날 때가 있다. 꿈, 도전, 진정한 나, 노력, 긍정적인 태도, 자기 위로와 같은 따뜻한 덕목은 개인에게 환상을 준다. 환상은 참과 거짓의 경계가 무너진 곳이다. 복잡하게 따지지 않아도 된다. 그러므로 인간은 환상 영역에서 잠시 편안해진다. 환상은 정신세계의 진통제다. 육체적으로도 물론이거니와 정신적으로도 인간은 쉬어야 한다. 힐러가 제공하는 환상은 그런 점에서 괜찮다.

인간은 아프면 잠을 잔다. 힐링에 취했다고 해서 젊은 세대를 함부로 폄훼할 수는 없다. 좋은 일자리 찾기가 수월하지 않으며 또한 임금이 적을 수 있다는 사실을 독자 선생이 알고 있는 것처럼 그들도 모르지 않는다. 나이가 어리고 경험이 부족한 대가를 참지 못할 바도 아니다. 성인이 되었다고 해서 곧 왕후장상처럼 사는 건 아니다. 초짜라면 현실의 어려움과 불편함을 납득하고 감내해야 한다. 미래를 위해 성실하게 일하는 게 무엇이 어렵겠는가. 그런 정도의 어려움은 자연치유력의 범위 안에 있다. 그 때문에 힐링이 필요한 게 아니다. 안녕할 까닭이 없다는 것쯤은 적어도 어른만큼 그들도 안다. 그러나 목돈사회가 주는 고통은 자연치유력의 한계를 넘는다. 사회가 인간의 존재 자체에 목돈을 요구하는 까닭에 이 땅의 청년들은 스스로의 힘으로 할 수 있을 만한 게 없다. 자기 힘만으로 할 수 있는 게 대체 무엇이 있을까. 민주주의만 이야기하지 말고, 성공에 대한 환상만 부추기지 말고, 이 사회에서 가족이 아닌 개인의 힘으로 청년들이 할 수 있는 게 무엇인지 어른들의 진솔한 답이 필요하다.

가족이든 은행이든 누군가의 도움을 받아야만 비로소 뭔가를 할 수 있는 사회. 목돈이 될 만하면 온갖 사람들이 물밀듯이 규칙 없이 몰려든다. 사회는 빈틈이 없다. 스스로를 자유인으로 알고 법적으로도 그렇고 그것에 걸맞게 행동할 수 있다고 생각하지만, 실상 한국 사회의 젊은이들은 목돈자본주의의 노예다. 이 땅의 청년은 안녕할 수 없다. 그러므로 모르핀 주사가 필요하다. 아프니까 청춘이라고? 그래, 그거여도 괜찮다. 치료제를 구하지 못하는 상황에서 시급한 것은 진통제일 뿐이다. 그러면서 중독된다. 인간은 원래 심하게 아프면 잠을 잔다. 모르핀 중독을 비난하면서 정신 차리라고 환자를 다그치려는 처방은 의사가 할 일이 아니다. 제정신의 사람이 할 일도 아니다. 모르핀의 약효가 다했을 때 다시 엄습하는 고통을 어떻게 다스릴 것인가. 치료를 포기한 의사가 모르핀 중독을 부른다.

쓰러지지 않고 서 있으려면 맷집을 키우는 것도 한 방법이다. 정신력을 강화함으로써 견디는 것이다. '정신승리'는 가장 빼어난 모르핀이다. 정신승리론. 오늘날 한국에서 창궐해 유행하고 있으며 한국 사회의 지배적인 담론을 형성하는 이 모르핀 이론은 서구 유럽에서는 결코 발견할 수 없었던 인간에 대한 새로운 성찰과 비전을 증거할 뿐만 아니라, 모든 철학과 과학과 종교를 숙연케 했다. 참과 거짓을 구별하는 전선은 비로소 붕괴되었다. 그것은 좌우를 초월해 애국적이며 모든 데이터를 적분한 다음에 발화자가 원하는 곳으로 수렴하도록 하는 깔때기 구조주의를 제안할 뿐더러, 전문가의 입술과 알맞은 검열을 거친 통계를 머슴 삼는다. 정신세계의 영구기관. 그것은 오늘도 강론을 펼친다. 이 나라에서 나타나는 인문학의 유행은 학문적인 호황도 상업적인 성황도 인간다움에 대한 존경도 아니다. '뽕필'의 권장, 그것을 모르핀 인문학이라 부른다. 모르핀 인문학은 현실에 대한 이해와 해석을 몽롱하게 만든다. 인문학에 취해 있는 동안에는 누구나 정신승리가 가능하다. 스스로 비평가가 되고 철학자 노릇을 하면 자기가 약자라는 사실을 잊을 수 있다. 사회구조를 비판함으로써 자기애를 확인하고 자기가 처한 상황에 대해 몽롱한 셀프 구원을 하는 것이다.

    나는 때때로 중등교육에 관해 급진적인 생각에 젖는다. 오늘날 고등학교 수학 교과는 영재들을 위해 평범한 아이들이 희생하게끔 한다. 소수를 위해 다수가 희생하는 것은 잘못된 일이고 그 소수에게도 좋지 못하다. 교과과정을 혁신해서 수학을 평범하게 만들되 철학 교과과정을 필수로 넣어서 현재 수학을 가르치는 시간의 절반을 철학 교습으로 변경하는 게 사회를 위해서나 아이들을 위해서나 바람직하다고 생각한다. 교육의 본분은 리더를 선별하는 게 아니다. 좋은 시민을 양성하기 위해 교육이 존재한다. 재능에 따라 장차의 역할이 달라지겠으나 리더든 팔로어든 양자 모두 이성적으로 생각하는 훈련을 해야 한다. 인류사에 기록된 스승들의 가르침만큼 좋은 교재는 없다. 수학을 특출나게 잘해서 장차 수학자나 과학자로 성장할 재능 있는 아이들은 별도로 혜택을 주면 된다. 이토록 나는 인문학을 존중하고 인류가 남긴 빛나는 지혜를 사랑하지만, 오늘날 한국 사회에서 유행하는 인문학에 대해서는 비관한다. 그 인문학에서는 간단한 의문보다 복잡한 해답을 강독한다. 이 사회의 악취와 사악함은 해답을 몰라서가 아니다. 의문을 품지 않기 때문이다. 오늘날 지식인 사회의 인문학 열풍, 나는 잘 모르겠다. 그게 이 사회에 어떤 도움을 주는 것일까?

자본주의를 비판하는 인문주의자는 도처에 흔하다. 흔한 만큼 자본주의에 대한 그들의 의문은 진부하다. 아주 오랜 시간 동안 되풀이된 의문이기 때문이다. 흥미로운 점은 한국에서의 의문과 서구 사회에서의 의문이 같다는 것이다. 아니, 서구 사회에서의 의문이 한국에 수입되었을 뿐이다. 지식인들은 자본주의에 대해서는 비판하지만 목돈자본주의에 대해서는 침묵한다. 왜 우리 사회는 힘이 약한 사람들에게 그들의 능력을 초월하는 목돈을 요구하는가? 어째서 우리는 맨몸의 젊은이들에게 막대한 지참금을 요구하는가?

대학등록금 문제

대학등록금은 우리 사회가 청년에게 요구하는 첫 보편적 목돈이다.[2] 고등학교 졸업생 열 명 중 여덟 명이 대학에 간다. 대학생 수는 300만 명을 넘었다. 2013년 기준 연간 사립대 평균 등록금은 736만 원이고, 국립대 평균 등록금은 417만 원이다.[3] 모두 부모의 부담이다. 등록금만 들어가는 것이 아니라 거주에 따른 주거보증금, 월세, 교재 비용, 생활 비용까지 포함하면 대학생 1인당 부모의 부담은 얼마나 될까. 만일 자녀가 두세 명이라면 또 어떨까.

  대학 진학률이 지나치게 높기는 하다. 그렇지만 이를 당장 문제 삼기는 어렵다. 왜 대학에 가느냐고, 바로 취직하면 되지 않겠느냐고 다그칠 수야 있겠지만 현실 감각이 부족한 이야기다. 대학 진학은 학생의 미래 인생 전체를 고려해볼 때 맥락이 있는 행위다. 학벌은 목돈의 크기에 영향을 미친다. 사회가 존재

---

2 대학등록금 문제에 대한 자세한 논란에 대해서는 위키피디아의 링크(http://goo.gl/YD4EVW) 내용이 소상하다.
3 대학교육연구소(http://khei-khei.tistory.com/)의 통계다. 이 장에서 인용하는 통계는 특별한 표시가 없다면 대학교육연구소의 자료를 인용한 것이다.

에 대한 대가를 요구하지 않는다면 학벌의 위세도 조금이나마 잦아들지도 모르겠다. 하지만 대학에 가고 싶어서 가는 게 아니라 가야만 하니까 가는 것이다. 취직을 위해서라도, 취직한 이후의 목돈의 크기를 생각해서라도, 더 능력 있는 배우자 집안을 선택하거나 선택되기 위해서라도 들어갈 수만 있다면 대학 진학을 생각하는 것이 '개인으로서는' 자연스럽다. 개인의 욕망을 함부로 무시할 수도 없다. 그런 욕망은 사회가 구조적으로 만든 것이다. 높은 대학 진학률이 잘못된 것이라면 그런 진학률을 만든 우리 어른들이 공동정범이다.

우리 사회는 대학에 가지 않고도 좋은 일자리를 쉽게 구할 수 있을 만큼 넉넉하지 않다. 한국 사회에서는 결혼을 통해 목돈을 마련해야 한다. 굳이 학벌까지는 아니더라도 대학 진학은 목돈의 크기를 결정해주는 중요한 요소다. 게다가 자기가 무엇을 좋아하는지도, 자기 꿈이 무엇인지도, 세상이 어떻게 돌아가는지도 모르는 학생들에게, 남들은 모두 대학 가는데 혼자만 놀라고, 어서 일자리를 찾아보라고 말하기는 곤란하다. 우리 어른들은 그 무렵의 아이들이 주체적으로 생각하며 행동하면서 살아갈 수 있는 능력을 가르치지 않았다. 아이의 책임이 아니라 어른들의 책임이다. 대학 진학률을 낮추려면 지금 당장 대학에 가지 않아도 좋다는 명료한 메시지가 있어야 한다. 그러나 대학에 가지 않아도 된다는 메시지는 실상 어디에도 없다. 대학에 들어가지 않는 사회를 '상상'하는 자유는 누구에게나 있다. 그러나 그런 '의지'는 목돈사회가 허물어지지 않는 한 불가능하다. 대학 진학은 장차 부담해야 할 목돈의 크기에 영향을 미친다. 그러기 위해서는 먼저 목돈(등록금)을 내야 한다. 목돈의 딜레마다.

그렇지만 우리 사회가 개인에게 요구하는 목돈 중 대학등록금은 비교적 해결하기 쉽다. 심지어 현 정부의 수장이 결심만 하면 내일모레라도 등록금 문제 해결을 선언할 수 있을지도 모르겠다. 앞에서 살펴본 주거보증금에 비해 돈의 크기가 작고, 국가적 차원으로 셈해도 규모가 크지 않기 때문이다. 그러므로 문제를 해결하는 데 필요한 국가의 재정 부담 또한 감당하지 못할 바도 아니다. 더욱이 사학재단의 이익 외에는 이해관계가 첨예하게 대립하지도 않는다. 복잡하게만 생각하지 않는다면 목돈사회의 진지 하나를 허물 수 있다.

우선 대학등록금의 역사를 살펴보자. 물가가 오르는 만큼 대학등록금의 상승은 자연스러울지도 모른다. 하지만 1990년 이후 대학등록금은 물가인상률보다 적게는 2배, 많게는 4배까지 올랐다. 1989년 정부는 수익자 부담의 원칙에 따라 등록금 자율화를 선언했다. 그 결과 20년간 매년 평균 8.8%의 등록금이 인상되었다. 그사이 소위 대학교육의 '수익자'인 가계의 형편은 매우 어려워졌다. 저축률은 땅에 떨어졌으며 부채율은 솟구쳤다. 가계에서 느끼는 등록금 부담은 통계 수치보다 더 강한 무게를 지닌다.

2012년 현재 사학 전체 운영수입의 3분의 2가 등록금이다. 65~75% 사이의 등록금 의존율(2012년 현재 운영수입 대비 66.6%, 총수입 대비로 57.7%다.)은 지난 20년간 유지되어 왔다. 그런데 그사이 매년 물가인상률보다 2~4배씩 등록금을 올릴 수 있었다. 이는 곧 장사가 된다는 말이다. 시장은 호황기였으며 '상점'은 늘 수밖에 없었다. 1990년에 187개였던 사립대학은 2005년에 300개를 넘었고, 2012년에 310개에 이르렀다. 반면 국공립대학의 숫자는 1990년에 55개였고, 2012년에는 53개였다. 세월이 흘러 사립은 크게 늘었고, 국공립은 오히려 줄었다. 몇몇 국공립대학이 통합되었다(표 3-2와 표 3-3 참조).

표 3-2 사립대학과 국공립대학의 등록금 비교

구분	사립대학 연간 평균등록금	국공립대학 연간 평균등록금
1990년(자연과학계열)	161만 원	111만 원
2013년	736만 원	417만 원

표 3-3 사립대학과 국공립대학 수의 변화

구분	사립대학 수	국공립대학 수
1990년	187개	55개
2012년	310개	53개

(4년제 사립대학은 대략 159개, 4년제 국공립대학은 42개 정도다.)

사립대학의 수가 증가한 만큼 대학생 수도 함께 늘었다. 2012년을 기준으로 256만 1,000여 명이 사립대학에 다닌다. 국공립대학 학생 수는 2000년 87만 2,000여 명을 정점으로 계속 감소해서 2012년 현재 79만 2,000여 명 정도다(그중 한국방송통신대학교 학생이 25만 명을 넘는다.).

교육 수혜자의 가계 형편과 무관하게 대학등록금이 폭주하게 된 까닭에는 국가의 책임이 크다. 국가는 1989년 등록금 자율화를 선언했다. 그것이 사학이 팽창한 첫 번째 이유다. 그리고 국가는 국공립대학의 역할과 기능을 스스로 억제해버렸다. 사학이 팽창한 두 번째 이유다. 프랑스는 국공립대학의 비중이 86%이며, 독일의 경우에는 국공립의 비중이 95%에 이른다. 대한민국은 2012년 기준으로 전체 대학생 수의 18%를 넘지 못한다(한국방송통신대학교를 포함하더라도 23%를 넘는 수준에 불과하다.). 등록금 자율화 선언을 완전히 폐기하기는 어렵다. 사학의 등록금을 국가가 다시 직접 규제하는 것은 불가능할 것 같고, 민심을 이유로 인상폭에 대한 가이드라인을 정하는 정도에 그칠 것이다. 대학은 의무교육이 아니며 개인이 선택한 결과라는 점을 고려할 때에도 국가가 사학등록금까지 좌지우지하기는 어렵다.

대학등록금 문제를 말할 때마다 반값 등록금은 약방의 감초처럼 회자되어 왔다. 2007년 당시 이명박 후보의 대선공약으로 선언된 이후 여야를 막론하고 동의한 정책이 바로 반값 등록금 정책이다. '반값 등록금'은 표현만 간단하지 실상은 복잡하고, 좋은 정책도 아니다. 대학등록금 문제가 수많은 유권자의 표심과 관련되기 때문에 관련 정책은 필요하고, 그렇다고 해서 대학교육이 의무가 아닌 상황에서 무상등록금을 주장할 수 없으니 적절하게 타협한 레토릭을 만들었는데, 이것이 반값 등록금 정책의 배경이다. 여기에는 부작용이 있다. 반값 등록금 정책은 사학에 대한 재정 투입을 전제로 하며, 그 재정 투입을 빙자로 행정 규제와 행정 간섭을 부른다. 결국 그것이 고등교육을 왜곡할 수 있고, 또 국공립대학의 역할을 은폐하게 된다.

반값 등록금 정책의 첫 번째 문제점은 교육이 행정에 의해 질식될 우려가 크다는 점이다. 정부로부터 무슨 명목으로든지 '공식적으로' 돈을 받아본 사람은 안다. 보고 문서가 현장을 대체한다. 신청, 평가, 중간보고, 최종평가를 이유로 행정 작업이 본업을 대체한다. 한국 사회의 행정은 인간이 악하다는 전제로 건축되어 있다. 그러므로 일탈을 사전에 예방한다는 명목으로 온갖 행정 작업을 요구한다. 돈줄을 쥐면 쥘수록 행정 간섭은 심해진다. 반값 등록금 명목으로 국가의 재정 지원이 커지면 국가의 간섭과 규제 또한 커질 수밖에 없다. 국가를 선하게 여기고 사학을 악하게 생각하는 단순한 논리를 선호하는 사람들은 국가의 간섭과 규제를 좋게 생각할지도 모르겠다. 하지만 그로 말미암아 대학교육이 교육부의 관료행정에 좌지우지될 위험을 간과하지 않았으면 좋겠다. 국가가 학사 행정에 간섭하고 정원을 통제하며 인사에 개입하는 것, 반면 대학은 정부에 포복하며 눈치를 보고 복종하는 것, 어느 것 하나 교육에 적합하지 않다. 학문 연구는커녕 교육부가 요구하는 행정 작업에만 총력을 기울이게 될 우려가 있다.

돈을 지원했으니까 당연히 권한을 행사할 수 있다는 것은 목적이야 어쨌든 지나치게 자본의 논리에 가깝다. 이런 행정 규제는 대개 사학 개혁이라는 이름으로 행해지겠지만 현장에서는 개혁 개선의 활력보다는 관료가 요구하는 행정 업무만 지루하게 늘어날 뿐이다. 국가가 대학에 국고보조금 형식으로 공적 자금을 지원하는 것은 주식 투자가 아니다. 그리고 그것이 국가 개입의 정당성을 보장해주는 것도 아니다. 국가보조금 제도는 사립대학의 경영에 국가가 간섭하고 규제하기 위한 근거가 되지는 못한다. 거꾸로 한국 사회에서 고등교육에 대한 공적 책임 가운데 80%를 사학이 담당하고 있기 때문에 그것에 대한 국가의 응당한 재정 지원으로 이해하는 편이 균형 있는 태도라고 생각한다. 심정적으로 인정하고 싶지 않을 수도 있겠으나 사학도 엄정한 법률에 의해 설립되어 교육이라는 공적 소임을 맡은 교육기관이다.

두 번째 문제는 시장의 자율적인 구조조정을 방해할 우려가 있다는 점이다. 한국의 사립대학이 300개가 넘은 까닭은 1989년 정부의 등록금 자율화 선언 이후로 '장사'가 되었기 때문이다. 그럴 만한 시장이었다. 장사가 되지 않으면 부실해지고 망할 것이다. 국가는 해산 명령을 하고 잔여 재산을 국고로 환수할 수도 있겠다. 등록금 의존율이 사학 운영 예산의 3분의 2를 차지하고 있는 현실에서 입학정원 미달은 사학 운영을 위협한다. 사학은 그러므로 생존을 위해 노력해야 하며 때때로 문을 닫을 것이다. 이것이 곧 시장에 의한 구조조정이다. 시장의 자율성에 의해 사립대학의 수는 어딘가로 적절히 수렴될 수 있다. 그런데 정부가 반값 등록금을 실현하기 위해 사립대학에 재정 지원을 더 크게 하면 할수록 시장에 의한 자연스러운 구조조정을 방해한다. 학생 개인에게 지원하는 방법도 결국 그 지원금이 등록금 조로 다시 사학에 납부된다는 점에서 다를 바 없다.

세 번째 문제는 투여되는 예산 대비 미온적인 해결책이라는 점이다. 2012년 정부는 사학에 3조 9,000억 원(정확히는 3,891,382,278,000원)을 정부보조금 조로 지원했다. 사학 총수입의 16.7%에 해당하는 금액이다. 사립대학 총수입의 57.7%가 등록금인 까닭에, 이 중 28.8% 정도를 국가에서 보조해줘야만 얼추 반값 등록금이 가능해질 것 같다. 그러려면 매년 6조 원에 이르는 재정을 직접적이든 간접적이든 사학에 추가 지원해야 한다. 그렇게 해서 등록금이 반값이 된다는 이야기지만, 여전히 문제는 해결되지 않았다. 게다가 등록금이 해마다 인상되면 이 반값 등록금 자체가 커지게 마련이어서 사회적 논란은 지속될 것이다. 어째서 막대한 국가재정으로 모든 사학을 살려줘야 하느냐에 대한 질문은 답하기 꽤 어렵다.

마지막으로 반값 등록금 정책 레토릭은 정책에 대한 상상력을 침해한다. 반값만 달성하면 마치 끝인 듯한 느낌을 준다. 문제를 해결하지 못했으면서 해결할 동력을 상실해버린다. 정부가 국가장학금 총액과 추가적인 예산 투여를 근거로 '사실상의 반값 등록금 달성'을 대대적으로 선언해버리면, 등록금 문제 해결의 동력을 상실할 우려가 있다. 2012년 이명박 정부는 국가장학금 제도를 만들어냈다. 2012년 국가장학금 정부 예산은 1조 7,000억 원이었으며, 2013년에는 2조 원을 넘었고, 2014년에는 3조 4,575억 원 규모의 국가재정을 투입하겠다는 것이다. 몇 년 사이에 3조 원이 생긴 것이다. 보수 정부는 국가장학금 제도를 통해 반값 등록금 정책을 우회하겠다는 의도인 것으로 보인다. 결국 그 장학금은 등록금으로 납부될 것이기 때문에 사학의 입장에서는 환영할 만하고, 학생과 부모의 입장에서는 기껏해야 목돈이라는 짐을 일부 줄일 수 있을 뿐이다. 하지만 고통받는 개인에게 '장학금' 명목으로 재정을 직접 지원한다는 맥락에서는 국가장학금 제도가 차라리 반값 등록금을 주장하는 것보다는 좋은 정책이라고 생각한다.

이처럼 반값 등록금 정책은 여러모로 문제가 있다. 이제 그만 미련을 버렸으면 한다. 반값 등록금은 800만 원의 등록금을 400만 원으로 줄여서 목돈 부담을 낮추자는, 매우 기계적이고 단순한 발상에서 시작되었다. 그런데 예상과 달리 전혀 단순하지 않다. 반값 등록금 실현을 위한 국가의 재정 지원은 결국 사립대학으로 들어간다. 국가의 재정교부는 학생 등록금 명목으로 사학을 지원하는 모양이 된다. 그럼 현존하는 모든 대학을 차별 없이 지원 대상으로 삼아야 하는가. 연세대학교에 재학 중인 황진이와 신경대학교에 다니는 홍길동에게 똑같은 지원을 해야 하는가. 대학 경영 혁신을 위해 노력하는 대학과 부실한 대학을 동일하게 대우해야 하는가. 이 질문은 현실을 매우 복잡하게 만든다. 교육부와의 관계에서 밀리고 당겨지면서 대학은 정부에 의해 몹시 시달려야 하며 또 시달리고 있을 것이다.

반값 등록금 정책은 굳이 말하자면 '민생경제정책'이지 교육정책은 아니다. 그런데 부실 대학은 지원할 수 없지 않겠느냐, 정원을 줄여야 하지 않겠느냐 등을 놓고 줄다리기를 하다가 이 민생정책은 갑자기 '교육행정정책'으로 바뀐다. 교육정책이 아니라 교육행정정책. 국가의 간섭과 규제와 명령이 강화된다. 헌법 제31조가 보장하는 대학의 자율성이 쉽게 훼손될 만한 상황이다. 교육과 연구보다는, 국가의 경영평가에 응하기 위한 분주한 행정 업무가 대학 본연의 업무가 되었다고나 할까. 다음은 대한민국 헌법 제31조다.

① 모든 국민은 능력에 따라 균등하게 교육을 받을 권리를 가진다.

② 모든 국민은 그 보호하는 자녀에게 적어도 초등교육과 법률이 정하는 교육을 받게 할 의무를 진다.
③ 의무교육은 무상으로 한다.
④ 교육의 자주성·전문성·정치적 중립성 및 대학의 자율성은 법률이 정하는 바에 의하여 보장된다.
⑤ 국가는 평생교육을 진흥하여야 한다.
⑥ 학교교육 및 평생교육을 포함한 교육제도와 그 운영, 교육재정 및 교원의 지위에 관한 기본적인 사항은 법률로 정한다.

한국 대학등록금의 현실은 헌법 제31조 제1항을 위협한다. '능력'은 개인에게 주어진 학습능력을 말하지 그가 속한 가계의 경제적 힘을 뜻하지는 않는다. '경제적 능력'에 따라 교육을 받을 권리를 제한해서는 안 된다. '모든 국민은 인간으로서의 존엄과 가치를 가지며, 행복을 추구할 권리를 가진다.'는 헌법 제10조를 위협하기도 하거니와, 가난해서 대학을 포기한 이들 중에는 우리 사회를 빛낼 인재가 있을지도 모르기 때문이다.

물론 헌법 규정을 확대 해석해서 국가가 시장의 영역까지, 개인의 선택까지 책임져야 한다고 나는 생각하지 않는다. 국가에게는 국가의 할 일이 따로 있다. 사회문제를 해결하는 수단으로는 국가뿐 아니라 엄연히 시장도 있으며 개인 저마다 하나의 솔루션으로 기능하기도 한다. 국가는 공공 인프라로 자기 역할을 증명한다. 공공 인프라에서의 제 역할을 하지 않은 채 함부로 시장과 개인의 영역까지 간섭하는 것은 온당치 못하다. 운 좋게 부유한 부모를 둔 학생은 헌법의 우산을 동경하지 않을 것이다. 부모의 보호를 받는 것만으로도 헌법의 우산 아래에 있는 것과 같다. 단지 그(그녀)가 부유한 부모로부터 자립하려고 마음먹을 때 국가의 인프라를 자유롭게 이용할 수 있도록 하면 된다. 반면 부유하지 않은 부모를 둔 학생이 자기 의지로 교육받을 권리를 행사하려 할 때에는 헌법의 우산이 필요하다. 공공 인프라가 되겠다.

이런 맥락은 대학등록금 문제를 해결함에 있어서도 마찬가지다. 바로 국공립대학에서 그 문제의 해결을 도모하는 것이다. 이를테면 '국공립대학 역할론'이 되겠다.[4] 국공립대학 역할론은 등록금을 어떻게 하겠다는 것에 그치지 않는다. 헌법 제31조가 천명하는 이념을 실현함에 있어 국공립대학으로 하여금 고등교육의 공공 인프라로서 주역 역할을 하도록 만들자는 정책 방향성을 제안한다. 국공립대학의 교육 환경을 적극적으로 개선하려는 의지를 선언한다. 국공립대학 역할론은 국공립대학 주도로 우리나라의 고등교육을 혁신하겠다는 것이고, 국가가 직접 나서

---

[4] 정책의 추진력 관점에서 봐도 '국공립대학 무상화'보다는 '국공립대학 역할론'이라는 표현이 더 이롭다. 전자는 '어째서'라는 의문("어째서 무상으로 해야 하느냐?")을 소환하지만 후자는 그 역할의 내용이 '무엇'인지에 대한 질문을 호명한다. 이 차이가 담론의 방향을 결정한다.

교육의 긴 안목에서 방향성을 제시하겠다는 의미가 되겠다. 국공립대학 역할론이라는 단어만으로는 그 의미가 추상적이다. 좀 더 구체적인 내용이 필요하다. 그러므로 나는 여기에 일종의 시나리오를 소개한다. 내용은 언제나 더 지혜로운 아이디어로 각색될 수 있다.

첫째, 국공립대학[5]의 등록금을 현행 등록금의 15% 이하로 일괄적으로 인하한다. 현행 등록금이 연간 420만 원이라면 63만 원으로 낮추는 것이다. 이는 곧 헌법 제31조 제1항의 권리를 위한 조치다. 교육 기회를 충분히 누릴 수 있는 것은 그 아이의 능력과 의지에만 의존하지 않는다. '부모력'은 아이들의 능력과는 무관하다. 그렇지만 사립대학 위주의 고등교육 사회에서는 부모력이 자식의 교육 기회와 수준을 결정하고 만다. 대학교육이 의무교육이 아닌 상황에서는 사립대학에서의 고등교육까지 모든 국민에게 균등하게 제공되어야 한다는 관념은 지나치다. 사립대

---

5 국공립대학은 일반대학, 교육대학, 특수대학, 공립전문대학으로 구분한다. 일반대학으로는 강릉원주대학교, 강원대학교, 경남과학기술대학교, 경북대학교, 경상대학교, 공주대학교, 군산대학교, 금오공과대학교, 목포대학교, 목포해양대학교, 부경대학교, 부산대학교, 서울과학기술대학교, 서울대학교, 순천대학교, 안동대학교, 울산과학기술대학교, 인천대학교, 전남대학교, 전북대학교, 제주대학교, 창원대학교, 충남대학교, 충북대학교, 한경대학교, 한국교원대학교, 한국교통대학교, 한국체육대학교, 한국해양대학교, 한밭대학교가 있다. 교육대학으로는 경인교육대학교, 공주교육대학교, 광주교육대학교, 대구교육대학교, 부산교육대학교, 서울교육대학교, 전주교육대학교, 진주교육대학교, 청주교육대학교, 춘천교육대학교가 있다. 특수대학으로는 광주과학기술원, 대구경북과학기술원, 한국과학기술원, 한국예술종합학교, 한국전통문화대학교가 있다. 공립전문대학으로는 강원도립대학, 경남도립대학, 경남도립거창대학, 경북도립대학, 전남도립대학, 충남도립청양대학, 충북도립대학이 있다.

학은 어쩔 수 없다 해도 국공립대학은 다르다. 헌법의 우산은 먼저 시장이 아니라 공공 영역에서 제공되어야 한다. 완전히 무상으로 할 수도 있겠다. 하지만 무상 논쟁의 늪에 빠지고 싶지 않다. '국공립대학 무상화'는 주장하는 사람이야 시원스럽게 여기겠지만, 반대 견해를 가진 사람들에게는 몹시 공격적인 표현이다. 지금 당장의 가치를 논쟁으로 희석시키기에는 그 노력과 시간이 아깝다. 개인에게 부담이 없는 소액이라도 그것이 모이면 학교 운영에 큰 도움이 된다는 사실 정도는 첨언하고 싶다.

둘째, 직장을 그만두고 공부하려는 자가 요건을 만족해 입학하는 경우, 등록금을 무상으로 함과 동시에 소정의 생활보조금을 지급하는 것이다. 자기의 재능과 진정한 의욕을 알아채는 것은 개인에게나 사회에게나 매우 중요하다. 개인은 자기 인생의 행복을 추구할 동력을 얻는 것이고, 사회는 그런 개인의 활력을 통해 안정되며 성장한다. 개인이 저마다 자기 재능에 맞는 능력을 발휘할 때 사회도 함께 성장한다. 그런데 자기 재능과 의욕을 인식하는 일이란 얼마나 어려운가. 한국 사회는 총체적으로 충분히 생각하고 곰곰이 따질 여유를 학생들에게 허락하지 않는다. 게다가 경제적 자립을 하기 힘든 사회에서는 애당초 자기에 맞는 인생을 설계하기 어렵다. 그렇기 때문에 대세에 따른다. 여기까지는 그렇다고 치자. 사회생활을 하면서 뒤늦게 자기의 진정한 재능과 꿈을 발견할 때가 있다. 나 또한 나이 마흔을 넘어서야 뒤늦게 재능을 알았다. 그런 상황에서 직장을 그만두고 다시 공부하고 싶을 때가 생긴다. 이런 경우의 대학은 나이 스물에 대세에 따라 입학하는 대학과는 다르다. 그것도 자신의 경제활동을 잠시 중단하고 결심한 고등교육이라면 필경 개인의 진정한 자아와 그 자아의 행복에 관한 것이라는 점에서 공공 인프라의 혜택이 요긴하다. 개인의 활력이 곧 사회 활력의 기초가 된다는 점에서, 개인의 건전한 자율성에 도움을 줌으로써 더 많은 사회 개선의 기회를 만들 수 있다는 점에서, 그리고 대학은 고등학교를 졸업하자마자 '무조건 가야 하는 곳이 아니라 필요에 따라 가는 곳'이라는 메시지를 제도화할 수 있다는 점에서 매우 가치 있는 일이다. 그렇다고 대단한 것은 아니다. 직장인의 대학 입학인 경우 문턱을 낮춰주고 학업에 더 집중할 수 있도록 경제적으로 도와주자는 것이다. 그(그녀)는 사회생활을 하면서 고등학생들보다 사회에 훨씬 많은 기여를 했다. 국민으로서 이런저런 의무를 이행했고, 시장에 노동력을 제공했으며, 무엇보다 세금을 납부했다. 그(그녀)는 혜택을 누릴 충분한 자격이 있다. 이는 평생교육 진흥을 천명하는 헌법 제31조 제5항의 정신에 부합하기도 하거니와, 무엇보다 미친 듯이 대학에 들어가려는 현재의 중고등교육 시스템을 개선하는 데 크게 도움이 됨을 다시 첨언한다.

    셋째, 국공립대학의 확대 및 교육 환경 개선을 동반한다. 교육의 공공성을 아무리 강조해도 현실적으로 시장으로부터 자유롭기는 어렵다. 학벌이란 교육의 공공성이 부족해서 등장한 것이 아니다. 자본주의 사회에서 학벌은 고등교육의 시장성을 방증할 따름이다. 국공립대학 역할론은 국공립대학이 주도적으로 고등교육을 혁신하자는 것으로 요약할 수도 있다. 이를 위해서는 반드시 국공립대학의 교육 품질이 뒷받침되어야 한다. 그렇지 않으면 고등교육을 주도할 수 없다. 시장성을 잃으면 공공성도 위협을 당한다. 교육 수준을 운운하며 국공립대학의 민영화를 주장하는 사람들이 틀림없이 생길 것이며, 그들은 언젠가 집권할 것이다. 따라서 국공립대학의 공공성을 강화하기 위해서라도 시장성을 등한하면 안 된다. 시장성이라고 표현했다 해서 특별한 것은 아니다. 국공립대학의 교육 환경을 적극적으로 개선하면 된다. 더 우수한 교원을, 더 좋은 교육 환경을, 규제보다는 자율을, 평가보다는 지원을, 행정보다는 연구를 보장하는 것이다. 교육의 본질을 옹호하고 비본질적인 것을 축소한다. 그리고 국공립대학을 확대해야 한다. 국공립대학을 혁신했다고 하더라도 그 수가 너무 적으면 결국 소수에게만 혜택이 돌아간다.

그렇다면 이런 시나리오의 '국공립대학 역할론'이 과연 타당한지, 지금 당장 실행할 수 있는 것인지 살펴보자. 헌법 제31조 제3항은 의무교육은 무상으로 한다고 천명한다. 대학교육은 의무교육이 아니다. 고등교육은 어디까지나 개인의 선택사항이다. 따라서 대학등록금이 아무리 비싸다고 해서 여하한의 강제력을 동원해 무상화하기는 당분간 어려운 일이다. 그런데 헌법 제32조 제1항이 천명하는 '균등하게 교육을 받을 권리'에 있어 가난한 부모를 둔 학생들은 어디에서 그 권리를 누릴 것인가.

100만 원의 화폐는 100만 원의 교환 가치를, 그리고 10만 원의 화폐는 10만 원의 절대적 교환 가치를 정한다. 그 화폐를 누군가로부터 받아서 사용할 때에는 확실히 그러하다. 하지만 그 돈을 내가 누군가에게 지불할 때에는 사람마다 완전히 다른 의미를 지닌다. 대학등록금은 보통의 부모를 둔 학생에게는 큰 부담이지만, 부모의 경제력이 탁월한 학생한테는 별것 아니다. 100만 원의 화폐가 어느 학생에게는 100kg의 쌀가마를 드는 무게라면, 또 어떤 학생에게는 한 되의 쌀을 드는 무게다. 어떤 부모를 뒀느냐에 의해 결정된다. 부모력에 의해 연약한 이가 더 무거운 짐을 들고, 강한 어깨가 더 가벼운 짐을 든다. 이 부담의 상대성이 교육을 받을 권리에 첨부되어 있는 것이다. 누가 가난한 학생의 무게를 덜어줄 것인가. 어디에서 그 무거운 짐을 내려놓을 것인가.

스스로 학업 능력도 있거니와 고등교육을 받을 권리를 꼭 행사하고픈 '가난한 학생'에게는 두 가지의 방법이 있다. 사립대학에 입학해 장학금을 신청하는 방법과 사립보다 비교적 저렴한 국공립대학에 입학해서 역시 장학금을 신청하는 방법이다. 그렇지만 장학금이 등록금 전액을 지원해준다는 보장이 없고, 장학금 요건을 충족하기 위한(부모력이 있는 학생이 결코 하지 않을) 별도의 노력과 스트레스를 경험해야 한다. 그렇지만 국공립대학의 등록금이 매우 낮다면 그는 거기서 헌법의 혜택을 받을 것이다. 그것이 곧 국가 인프라의 역할이다. 그러므로 지금 당장의 국공립대학 역할론은 고등교육에 관한 국가 인프라로서 올바른 방향이다.

국공립대학 역할론은 다른 공적 관점에 의해서도 정당화될 수 있다. 국공립대학은 대개 지역 거점으로 이루어져 있다. 예컨대 지방의 거점 국립대학으로, 강원대학교, 경북대학교, 경상대학교, 부산대학교, 전남대학교, 전북대학교, 제주대학교, 충남대학교, 충북대학교가 있다. 서울에 있는 국립대학으로는 서울대학교가 있고, 공립대학으로는 서울시립대학교가 있다. 서울대학교와 서울시립대학교를 제외하면 지방의 거점 대학이므로 국공립대학 역할론은 지방 거점의 교육 활성화라는 공익에 기여하므로 역시 올바른 방향이다.

국공립대학 역할론은 논란이 적다는 눈부신 장점이 있다. 이 때문에 정치적인 힘겨루기가 생긴다거나, 이 문제를 놓고서 격렬한 대립과 갈등이 초래되지는 않을 것 같다. 정부가 국공립대학 역할론을 주창하면서 국공립대학등록금을 대폭 인하하고 국공립대학에 대한 적극적이고 폭넓은 지원을 선언할 때, 야당이 대놓고 이를 반대하기 어렵다. 대학교육에 있어 올바른 방향이기 때문이다. 사립대학이 받을 불이익은 이론적이고 간접적인 반면에 수혜자(학생과 그들의 부모)가 받을 혜택은 현실적이고 직접적이기 때문이다. 비평과 조롱은 할 수 있겠으나 반대까지는 어렵다. 정부가 '선언'하면, 사실상 그것으로 끝날 가능성이 크다. 요컨대 사회적 합의에 드는 노력의 총량이 적고, 따라서 당장 시행할 수 있다는 이야기가 된다.

그런데 그런 정책을 펼칠 정도로 과연 국가가 역량을 갖췄을까. 국공립대학 역할론을 실행함에 있어 어느 정도의 역량이 필요할까. 국공립대학의 연간 평균등록금이 417만 원이고, 대략 35만 명이 재학 중에 있다고 할 때(한국방송통신대학교, 휴학생 제외) 등록금 수입은 1조 5,000억 원 정도다. 물론 대략적인 가늠치이지만 2013년 「교육통계연보」의 데이터와 비교해 큰 차이는 없을 것이다. 1조 2,000억 원이면 국공립대학의 등록금을 15% 수준으로 떨어트릴 수 있다. 대략 연간 63만 원 수준이다. 등록금을 15% 수준으로 크게 인하하는 것만으로도 몹시 큰 효과를 발휘하겠지만 그것만으로는 부족하다. 단지 등록금 인하만이 아니라, 국공립대학 주도로 고등교육을 혁신하기 위해서는 국공립대학의 연구와 교육 환경에 대한 폭넓고 적극적인 투자가 필요하기 때문이다. 또한 뒤에서 다시 이야기하겠으나 몇몇 사립대학을 국공립대학으로 편입한다는 점을 고려해서 8,000억 원의 예산을 더할 수도 있을 것이다. 그렇게 2조 원의 예산이라면 국공립대학 역할론을 당장에라도 실행할 수 있다.

국가는 과연 2조 원의 신규 예산을 확보할 능력이 있을까. 대한민국 정부의 전체 예산은 357조 원을 넘는다. 2조 원은 정부 예산의 1%도 채 되지 않는다. 대통령이 정부 주요 과제로 삼고, 국회가 합의한다면 어려움 없이 마련할 수 있는 크기다. 심지어 추경예산으로도 올해 당장 편성할 수 있을 것이다.

등록금 목돈이 가장 심각한 곳이 사학인데 왜 하필 국공립대학의 등록금을 먼저 해결하는 것인지 불만일 수는 있겠다. 국가는 모든 개인의 행복을 보장할 수 없으며 모든 개인의 고통에 대해 책임을 지기도 어렵다. 국가의 자원은 한정되어 있으며 그 능력 또한 제한적이다. 사립대학의 등록금 문제는 국가가 해결해야 할 의무라고 보기는 어렵다. 사립대학에 입학한 학생의 선택이 있다. 그리고 그 사립대학을 운영하는 대학의 책무가 있다. 개인은 자기 선택에 대한 책임을 지며, 대학은 그 책무를 다해야 한다. 다만 국가는 국민의 고통을 경청하고 고민해야 하는 의무가 있는 까닭에 적절히 지원을 한다. 국가가 아무것도 하지 않고 있는 것도 아니다. 국고보조금을 사학에 지원하고 있다. 장학금 명목으로 개인에 대해 직간접적으로 지원해왔다. 또한 2012년에 설립한 국가장학금 제도를 통해 그 지원의 폭을 넓혔다. 사립대학에 다니는 모든 학생들이 등록금 고통에 시달리는 것도 아니다.

한편 고등교육법상 사립대학은 10%의 교내 장학금을 마련해야 한다. 대다수의 사학들은 이 규정을 준수하고 있다. 교내 장학금의 액수만큼 대학등록금의 부담은 경감된다. 기업이 기부하는 장학금이 많아지면 그 혜택은 학생들에게 돌아간다. 국가가 나서서 기업의 대학장학금 기부를 장려하는 각종 홍보와 지원정책을 병행하면 또한 도움이 될 것이다. 교내 장학금은 꾸준히 상승해왔다. 어느 사립대학의 등록금이 700만 원인데 1인당 총 장학금이 250만 원이라면, 통계적으로 그 사립대학의 실질등록금은 450만 원으로 이해할 수 있다. 그러면 현행 국공립대학등록금 평균과 비슷해진다. 사립대학의 모든 문제에 블랙홀처럼 빠지지 말고 먼저 할 수 있는 일을 하자.

이처럼 국공립대학 역할론의 진정한 가치는 그것이 당장 시행 가능할 뿐 아니라 국공립 중심의 고등교육 혁신을 꾀할 수 있어서 교육 백년지대계의 전망을 제시할 수 있다는 데 있다. 눈부신 장점이지만 단점도 있다. 국공립대학의 비중이 현재 18%에 그친다는 사실이다. 특히 인구가 과밀되어 있는 수도권에서는 국공립대학이 너무 적다. 이는 개인의 선택권이 사실상 제한될 수밖에 없는 현실을 말한다. 더 많은 학생들이 국공립대학을 통해 헌법의 우산 아래에서 보호를 받기 위해서는 국공립대학의 비중을 늘려야 한다. 그러나 대학 자체가 포화 상태이며 대학 진학률이 지나치게 높은 상황에서 새롭게 국공립대학을 설립하기는 어렵다. 그렇다고 해서 국공립대학의 정원을 무작정 늘리기도 어렵다. 수도권에 사는 학생이 특별한 사정 없이 전남대학교나 부산대학교에 진학하기는 어려운 일이다. 가장 좋은 방법은 수도권에 있는 일부 사립대학을 국공립으로 편입하는 방법이다. 가장 빠르고 자연스럽게 국공립대학의 비중을 늘릴 수 있기 때문이다. 국가가 나서서 사립대학을 인수합병한 후 국공립화하는 방법이다.

수도권에 있는 대학으로, 역사와 전통이 있는 사립대학에 대해 먼저 인수합병을 할 수 있다면 가장 효과적일 것이다. 그 명칭에 묻어있는 역사와 전통을 존중하고 대학의 자율성을 인정하면서 국공립화하는 전략은 꽤 매력적이다. 이를테면 국립성균관대학교, 국립건국대학교, 국립숭실대학교, 국립중앙대학교, 국립경기대학교, 국립국민대학교 등을 상상해보는 것이다. 국립연세대학교와 국립고려대학교는 또 어떤가. 물론 쉽지 않은 일이다. 하지만 절대적으로 불가능한 일도 아니다. 국가가 의지를 갖고 노력하면 적어도 몇 개 학교는 가능할 것 같다. 그리고 그 대학교가 국공립대학으로서 성공적인 모습을 보인다면, 그런 성공사례가 더 많은 수도권 대학이 국공립대학으로 편입되도록 유도할 것이다. 국공립대학 역할론은 서울대의 독점적 지위를 없애자는 게 아니다. 굳이 말하자면, 서울대 수준의, 아니 그보다 더 높은 수준의 대학을 10개 만들려는 발상이라고나 할까. 모든 것을 국가가 해결할 수는 없다. 국가는 완벽한 솔루션이 아니다. 그렇지만 국가가 자기 할 일을 함으로써 문제를 어떻게 간명하고 효과적으로 해결할 수 있는지, 또 그것을 목격했을 때의 지적인 흥분이 어떨지를 모든 세대들이 다 함께 체험해보는 것은 어떠한가.

4장

목돈사회를 외면하는 정치

정치는 어째서 무력한가

정치는 어째서 무력한가? 이처럼 어려운 질문도 드물다. 아마도 해답을 찾기 때문에 어려울 것이다. 정치는 왜 무력한가? 해답을 포기하고 허무주의를 택하면 어려울 게 없다. 정치는 본디 무력하고 믿을 게 못 된다고 말이다. 하지만 고통이 자라는 곳에 허무를 흩뿌리는 것은 인간의 도리가 아니다. 고통은 도처에 있으며 절망은 구조화되어 있다. 어디에서든 위로가 필요하다. 위로는 절망을 일시적으로 멈추게 한다. 그러나 아픈 사람에게도 인생이 있으며 일생을 살아야 한다. 그런 까닭에 개선할 수 있는 해답이 필요하다. 한 줌의 개선이어도 좋고 정답이 아니어도 좋다. 인정하기 싫은 사람도 있겠지만 자본주의 사회의 온갖 문제는 돈으로 해결된다. 매년 수백조 원이 넘는 돈을 좌우하는 힘이 있다. 정치다. 모순과 불합리가 뿌리 깊은 문화로 정착한 사회에서 그런 문제를 교정할 수 있는 거대한 구조가 있다. 그 구조를 움직이는 힘도 정치다. 현대 사회는 법률에 의해 속속들이 통제된다. 그런 법률을 지배하는 힘이 있으니 그 또한 정치다. 정치에 대한 불신과 혐오가 아무리 커도 이 사회의 고통과 절망에 대한 해결책을 찾으려면 정치에 그 방법을 물을 수밖에 없다. 정당이나 정치인들이 국민의 삶을 개선하려고 노력하지 않는 것도 아니다. 그들이라고 진심이 없겠는가. 그런데 어째서 정치는 무력한가? 나는 이제부터 정치 이야기를 한다. 정치 전문가처럼 그럴싸한 아이디어를 제언하지는 않겠다. 나는 그저 세 가지를 말하고 싶다.

첫째, '대중'이다. 대중이 정치의 수준을 결정한다. 대중이 정치인을 선택하며 그 정치인이 자신을 뽑아준 대중을 위해 정치를 한다. 또한 대중이 정당을 선택하며 그 정당에 의해 정치가 행해진다. 이론적으로는 어리석은 대중이 탁월한 정치인을 리더로 선택할 수 있겠고, 그 사회의 산적한 문제를 해결하고 혁신하면서 더 나은 개선을 해내는 리더의 모습을 떠올려볼 수 있겠다. 하지만 그게 현실적으로 가능했다면 벌써 이루어졌어야 했다. 정치인은 초인이 아니며, 대중은 초인을 지도자로 맞이할 만큼 준비된 사람들이 아니다.

정치인을 능력으로 등용하기에는 오늘날 민주정치는 매우 복잡하고 어려운 시스템이다. 군주를 포함한 모든 형태의 독재 체제는 통치자의 결단으로 간명하게 등용 여부를 정한다. 하지만 민주정치는 정당정치여서 정당 내부에서 선거에 나갈 후보자가 결정된다. 이건 매우 난해하고 곤란한 문제다. 지적으로 현명하며 경험이 풍부하고 책임감조차 빼어난 사람이 후보자가 될 수 있다면 좋겠는데, 정당 내에서 그런 사람이 어떤 경로로 후보자가 될 수 있을까? 설령 후보자가 되어서 선거에 나왔다 하더라도 해묵은 지역감정, 정당 인기도, 인지도 등을 어떻게 이겨낼 것이며, 후보의 탁월한 능력을 대중이 어떻게 알 것인가. 선거에서 49.9%의 득표에 성공했다 해도 승패가 정해지는 결과에 의해 49.9%라는 대중들의 기대는 무효가 되고 50.1%를 획득한 '당신이 싫어하는 정치인'이 권력을 소유하게 된다. 만약 선거에서 승리했다고 하더라도 위계질서와 다수결의 원칙이 지배하는 정당 내부에서 그(그녀)의 견해를 얕보거나 반대하는 정치인들이 많을 때 어떻게 탁월한 정치를 할 수 있는가. 소속 정당이 소수당인 경우에는 더 어려운 일이다.

　이것은 민주정치의 본질과 관련되는 것이어서 개선하기 어렵다. 개선하려면 정쟁이 생긴다. 이런 점만 보더라도 민주주의가 최고의 가치라고 말하기는 어렵다. 최선의 제도라기보다는 최악을 견제하는 제도라고 이해하는 것이 좋겠다. 반인륜적인 독재를 예방하기로는 민주주의가 효율적이기 때문이다. 독재가 낳은 악습은 그 독재자가 추방되는 것을 계기로 없앨 수 있다. 반면 다수가 만들어낸 악습이라면 그것을 없앨 계기를 찾기 힘들다는 점이 민주정치의 취약점이다. 그러나 민주정치의 모든 약점을 슬기롭게 극복하는 방법이 존재하는데, 그것은 바로 대중 자신에게 있다. 무엇이 올바르며 무엇이 더 가치 있는 일이고 어떤 힘이 필요한지에 대해 판단하고 토론할 능력이 있는 대중이 많다면 그들 수준에 미치지 못하는 정치인은 힘을 얻지 못할 것이다. 대중에 의해 정치인이 달라지며 덩달아 정치의 수준이 변한다. 그렇게 할 수 있는 능력을 지닌 대중을 시민이라 부른다. 반면 대중이 세상사에 관심이 없고 토론하지 않으며 비이성적이기까지 하다면 정치 또한 대중에 대한 관심을 철회한다. 대중과 정치는 각자의 이해관계에 따라 최소한의 관심만 교환함으로써 서로가 서로에게 무력해진다. 그러므로 그 시대의 정치가 문제라면 십중팔구 그 시대의 대중이 문제적일 것이다. 정치를 비난하기 전에 대중을 먼저 성찰해야 한다.

목돈사회에 대해 정치가 침묵한 까닭은 간단하다. 대중들이 한결같이 침묵하기 때문이다. 남녀노소를 가리지 않고 목돈을 요구하는 것이 이 사회에서는 문제될 게 없다. 누구도 의문을 품지 않으며 어떤 지식인도 반문하지 않는다. 세 들어 살려면 어떤 형태로든 보증금을 내는 것은 당연하다. 더 약한 지위에 있는 임차인이 더 강한 지위에 있는 임대인에게 돈을 빌려준다. 이런 형태로 돈을 빌려주는 것은 인류사적으로도 드물 것이다. 장사를 하려 해도 권리금이 필요하다. 하지만 대중들은 이런 목돈 요구를 당연하게 생각한다. 목돈 요구를 당하는 타인의 고통보다는 자신의 이해관계를 중시한다. 어떻게든 목돈을 마련하는 게 이율에 유리하고 그것이 자기 같은 서민을 위해 좋다며 약자들은 순종한다. 사회는 병들었고 그 사회에서 살아가는 대중들의 삶은 고통스러워졌지만 묘하게도 목돈은 당연하게 여긴다. 목돈을 요구하는 문화를 거의 종교 수준으로 신뢰한다. 그렇다면 정치가 목돈사회의 병폐를 해결하겠다고 나설 이유가 없다. 대중이 바뀌지 않는 한, 대중 사이에서 개선하려는 목소리가 커지지 않는 한, 정치가 움직일 리 없다. 무력한 것은 정치가 아니요, 대중 그 자신이다.

둘째, 한국의 정치는 '개인의 자립'이 지니는 의미를 모른다. 오늘날 정치는 '경제적'이다. 아무리 혁신적인 정치여도 경제에 무능하면 신뢰를 지속시킬 수 없다. 경제를 모르면 덕망 있는 정치도 비난받기 일쑤다. 그런데 대체 어떤 경제냐 말이다. 사람들은 흔히 '국민경제'를 말한다. 그렇지만 국민경제라는 낱말의 의미는 모호하다. 왜냐하면 국민이라는 단어에는 매우 다양한 사람들이 포함되기 때문이며, 그들이 속하는 지역, 회사, 직종, 연령, 성별 등에 따라 경제적 이해관계가 달라지기 때문이다. '국가경제'라는 단어도 같은 취지로 모호하다. 이런 탓에 국민경제나 국가경제를 말하면 반드시 온갖 통계지표가 동원되게 마련이고 경제학적 용어에 의존하게 된다. 정치가 국민의 실제 경제생활을 개선하기보다는 경제통계를 개선하는 것에 그친다. 정치인들은 억울해 한다. 자신들이 국가와 국민경제의 발전을 위해 이렇게(통계지표를 제시하며) 열심히 일했는데 과하게 비난한다는 하소연이다. 하지만 정치인들이 자주 잊는 부분이 있다. 필요한 것은 개선된 통계지표가 아니라 국민 개개인의 개선된 경제생활이다.

그런데 국민 개개인의 개선된 경제생활을 정치가 다 이룰 수 없다. 불가능하다는 현실과 개선해야 한다는 의지가 조우한다. 근원적인 딜레마에 빠졌을 때에는 존재의 본질을 경청하고, 그 본질에 순응하는 것이 지혜로운 태도라고 생각한다. 자본주의의 본질은 개인의 경제활동에 있다. 여하한의 신분에 의해 구속되지 않는 개인의 자유로운 경제활동이 있는 다음에, 비로소 임노동과 자본의 대립이니, 소득계층의 분화니, 빈부의 격차니, 새로운 성장동력이니, 비정규직이니, 선진국으로의 도약이니 등의 파생 문제가 생긴다. 복잡하게 파생된 문제들이 저마다 통계로 엮이고 경제학적으로 모델링된다. 그러나 만약 개인이 자유롭고 성실하게 경제활동을 함에도 좀처럼 자립할 수 없다면 이것은 자본주의의 본질 자체를 위협하는 것이다. 상황이 이러하다면 우리가 알고 있는 정치로는 국민 개개인의 경제생활을 개선할 수 없다. 현대의 정치는 자본주의라는 토대 위에서 건축되었기 때문이다.

정치의 경제적 역할은 파생 문제만을 다루는 데 그쳐서는 아니 되며 항상 토대를 점검해야 한다. 그렇지만 한국 정치는 파생 문제만을 다룬다. 개인의 경제적 자립이라는 본질을 외면한다. 목돈사회는 개인의 경제적 자립을 방해한다. 이 사회는 개인에게 존재의 대가를 요구한다. 개인의 경제활동으로는 마련할 수 없는 크기의 목돈을 요구한다. 주거지를 찾는 이에게 소득을 초월한 보증금을 요구한다. 상점을 열려는 이에게 권리금을 요구한다. 개인의 성실한 노동으로는 감당하기 어려운 크기의 돈을 사회가 요구할 때 개인은 핍박을 받으며 자립하기 힘들다. 한국에서 청년 세대들이 자립하기 어려운 까닭은 그들이 능력이 없다거나 성실하지 않아서가 아니다. 사회가 그들의 자립을 구조적으로 방해하기 때문이다. 앞에서도 여러 번 설명했으나 청년 세대가 자립할 수 없다면 그들을 지원하는 부모 세대도 자립하기 힘들어진다. 하지만 한국 정치는 개인의 경제적 자립에 침묵하고, 이 본질적인 문제보다는 다른 파생적인 문제에 몰입한다. 한국 정치가 경제적으로 무력한 까닭은 바로 여기에 있다.

한국 정치가 몰입하고 있는 몇 가지 경제 이슈들은 본질적인 문제, 즉 '개인의 자립'을 통해 상당히 해소될 수 있다. 비정규직 문제는 비참하다. 비참함과 더 비참함을 구별하는 일은 정말로 비참하다. 한국 사회에서 정규직 직장을 다니는 사람들의 경제생활은 안전하고 충분할까? 사회 자체가 곳곳에서 높은 수준으로 지출 부담을 요구하는데 정규직 직장의 급여로 그것을 감당하면서 자녀의 결혼과 자신들의 노후까지 대비할 수 있을까? 이와 같은 존재적 고통은 비정규직이 정규직으로 전환되면 과연 해결될 수 있는가? 미국은 거대한 비정규직 사회다. 그럼에도 그곳에서는 아무렇지도 않게 새로운 활력이 생기며 세계를 이끌고 나갈 힘을 잃지 않는다. 개인의 성실한 능력만으로 자립하기가 수월하기 때문이다. 한국에서는 개인이 자립하기가 몹시 어렵다.

소득 문제도 마찬가지다. 벌어들이는 소득의 크기보다 지출해야 하는 돈의 크기에 의해 한국인들은 고통을 받는다. 그런 목돈사회의 고통은 다른 나라에서는 드문 일이다. 노동시장에서의 한국인의 소득은 직종마다 상이하겠으나 상당한 수준까지 올라왔다. 소득의 크기가 주는 혜택이 분명히 있다. 하지만 한국에서는 소득이 많은 사람조차 쉽게 자립하기 어렵다. 자립하려면 저축해놓은 목돈이 있어야 하거나 부모의 도움이 필요하다. 사회가 개인에게 막대한 목돈을 요구하고 있는 마당에 최저임금을 놓고 해마다 격렬히 논쟁하는 것은 상당히 희극적이다. 이런 희극이 우리 사회의 비극이기도 하다. 더 구체적인 비극에 대해서는 5장에서 다루기로 한다.

만약 사회가 개인에게 목돈을 요구하지 않는다면, 즉 개인이 저마다 자신의 성실함으로 자립하기 쉽다면 무엇을 기대할 수 있을까? 자산 중심의 사회가 아니라 소득 중심의 사회라면 어떨까? 직장에 취직해서 경제활동을 하면 부모의 도움 없이도 소득에 따라 주거지를 구할 수 있고, 쉽게 결혼할 수 있는 사회를 상상해보자.

무엇보다 인생의 여유를 회복할 것이다. 여유가 있어야 다양한 체험과 깊은 생각이 가능하다. 경험을 하고 생각을 해야만 지적 흥분이 생긴다. 그리고 그것이 우리 인간을 성장시킨다. 정치의 발전은 그것에 걸맞은 우수한 시민의 등장에 의해 이루어진다. 여유가 있어야 진화된 세계의 시민으로 거듭난다. 또한 그런 여유가 경제적 활력을 가져올 것이다. 보수적인 사람은 안정적인 직장에서 일에 몰입하고, 진취적인 사람은 자신의 창의성과 아이디어로 새로운 모험을 시도할 수 있다. 개인을 억누르는 짐이 사라졌기 때문이다. 그런 몰입과 시도가 결과적으로 국민경제를 활성화한다. 또한 인재를 얻을 것이다. 현재의 한국 정치에서는 젊은 인재가 드물다. 나이 오십을 넘나드는 민주화 세대가 정당정치를 좌우한다. 그들의 청년기는 자립하기 어렵지 않은 사회였다. 그 덕분에 그들은 정치이력을 갖게 되었다. 하지만 지금 청년은 경제적으로 자립하기 몹시 어렵고 그 탓에 인재풀은 왜소해졌다. 잃어버린 활력을 되찾고 새로운 인재를 얻기 위해서라도 정치는 개인의 자립을 옹호해야 한다. 그러나 한국 정치는 경제적 자립의 중요성을 잘 모른다.

셋째, '정치의 과잉'이다. 한국 정치가 무력한 까닭은 정치가 과잉되어 있기 때문이다. 이 나라는 지금 정치에 중독되어 있다. 정치에 대한 무관심? 그것은 정확하지 않다. 정치에 중독된 사람들이 대중으로 하여금 과잉된 정치 이미지에 진저리치게 만들기 때문이다. 한국에서 정치는 게으르지 않다. 온갖 문제를 해결하고 있으며 해결하기 위해 노력한다. 언론, 시민단체, 지식인, 교수, 전문가들은 문제를 지적하고 새로운 해결을 요구한다. 정치가 세상의 모든 문제를 다 해결할 능력이 있는 것처럼 비쳐진다. 정치가 국가를 경영하며 그 국가의 힘으로 만사를 다스릴 수 있으리라는 순진한 믿음이 있다. 자연스럽게 정치인들은 국가주의에 취한다.

국가가 모든 문제를 해결해야 한다는 의지의 환상에 정치가 중독된다. 정치 중독이 위험한 까닭은 국가가 해야 할 일과 해서는 안 되는 일이 서로 뒤섞이기 때문이다. 국가의 역량이 낭비된다. 정작 필요한 곳에서는 국가의 역할이 축소된다. 정치 중독은 국가의 의무를 넓힌 나머지, 국민이 짊어지는 의무의 총량도 증가시킨다. 정치는 법을 만들고 그럴 때마다 위법이냐 적법이냐의 기준이 정해진다. 개인에게 법적 의무를 많이 부여할수록 그 개인에게 기대할 수 있는 활력은 줄어든다. 개인을 타율적으로 만들어버린다. 또한 국가의 역할이 팽창되면 편의주의를 낳는다. 무슨 일이든 국가가 결정하면 국민들이 자연스럽게 따라오도록 요구한다. 소수의 견해나 이익은 경시된다. 이와 같이 하여 정치의 과잉이 국가주의를 불러냈다. 그로 말미암아 국가의 역할이 교란되었으며, 정작 국가의 정당한 도움이 필요할 때에는 그 힘을 찾기 어렵게 된다. 그렇다고 해서 정치가 자신이 벌여놓은 일을 능수능란하게 처리하느냐 하면 그것도 아니다. 가장 쉬운 방법을 선호하다. 입법에 의한 규제와 현금의 지급이다. 심한 부작용을 동반한다. 이 두 가지 방법 모두 행정력을 낭비한다. 국민에 대한 일괄적인 평가와 감시를 동반하느라 대규모 행정력을 동원해야 하기 때문이다.

그럼에도 정치는 그칠 줄 모르는 듯이 국가의 힘을 소환한다. 정치는 여전히 새로운 일을 발굴하고 진행 중인 행정을 점검하고 감시하느라 몹시 바쁘다. 입법만능주의는 정치 중독의 증거다. 무수히 많은 법률이 만들어지고, 그럴 때마다 그 법률을 시행하기 위한 갖가지 행정법령들이 만들어진다. 모두 서류 작업이다. 국민생활을 현장 중심으로 파악하기보다는 서류 중심으로 파악할 수밖에 없다. 시간적으로도 그렇고 내용적으로도 그러하다. 읽어야 할 서류가 많다. 그런 까닭에 정책을 마련하고 국가 전략을 수립할 때에는 사람들의 희노애락보다는 통계가 매우 중요하다. 특정 정당에 속해 있는 정치인에 대한 이야기가 아니다. 국가의 힘을 날마다 촉구하는 시민단체도 그러하다. 언론과 지식인도 그러하다. 한국 사회에 필요한 정치세력은 좌도 우도 아니다. 중도도 아니다. 리버럴^{liberal}이 필요하다.

정치의 과잉이 낳은 국가주의의 또 다른 모습은 행정왕국이다. 굳건한 관료사회를 만들어낸다. 이에 대해 좀 더 구체적으로 말하고 싶다. 목돈사회는 개인의 경제적 자립을 방해하며 기성세대가 청년 세대를 억압하는 거대한 구조다. 이 구조적 문제를 해결하기 위해 몇 가지 슬기로운 해결책이 필요하다. 앞에서 말한 것처럼 보증금 규모와 월세 현황을 정확히 파악할 수 있는 국가 데이터베이스를 구축해야 하며, 무엇보다 모든 소득계층이 다양하게 이용할 수 있되 보증금을 요구하지 않는 보편적 공공임대주택사업이 필요하다. 금융 규제의 개혁도 필요하다. 모두 국가의 힘에 연관된다. 국가의 힘은 행정기관의 예산과 인력을 사용한다. 그리고 정치는 국가의 힘을 소환한다. 그러나 소환되는 것은 관료주의다.

관료사회, 행정왕국의 건축술

한국 사회에서 관료조직의 행정은 인간의 본성이 사악하다는 전제하에 건축되었다. 이 건축술은 단속하고 규제하고 감시함으로써 인간을 피로하게 만든다. 관료는 규제하기 위해 존재하며, 시민단체는 새로운 규제를 청구한다. 대부분의 행정 업무는 그런 규제사항의 요건을 만들고, 늘리고, 채우고, 심사하는 데 초점을 맞춘다. 그런 행정체제에서 창의성의 발육을 기대하기는 어렵다. 본디 창의적인 사람들도 분명 적지 않았을 것이다. 우리라고 왜 창의적인 사람이 없겠는가. 공무원 중에도 창의적인 인물이 꽤 있었을 터다. 똑똑하고 근면한 사람들이 공무원이 된다. 그러나 하는 일이 창의성과는 거리가 멀다. 창의성은 살아있는 현장에서 체득되는 것이다. 창의성은 기발한 아이디어가 아니다. 그것은 현장의 목소리를 경청하고 목격해야만 비로소 생기는 것이지만, 공무원들은 규제를 조직하고 심사하는 것만으로도 역부족이다. 행정 과업은 보고서 만들기로 집중된다. 대부분의 시간은 보고서를 만들고 고치고 읽는 데에 쓰인다.

말하자면 법령이 하나 만들어질 때마다 열 개의 행정 업무가 생긴다. 그러면 할당되는 보고서의 분량이 늘어난다. 공무원 개개인의 역량은 보고서 만들기에 투입된다. 국가는 거대한 문서 왕국이다. 대부분의 문서는 규제에 관한 것인데, 지원과 규제가 연계됨으로써 문서는 폭발적으로 증가한다. 대한민국이라는 행정왕국은 국민의 자율성을 신뢰할 수 없다는 가정하에 통치권을 행사한다. 규제는 실상 보편적인 일탈을 대상으로 하지 않는다. 규제의 대상이 되는 일탈은 예외적이고 가정적인 사건에 불과하다. 행정입법과 다양한 행정규칙은 예외적인 반칙을 침소봉대해 제정된다. 법이 생기면 그 법의 집행자의 업무가 늘어난다. 규제 심사를 하기 위한 행정 업무가 증가한다. 그리고 집행자의 행정 서비스를 지원하는 선량한 사람들에게도 새로운 의무가 생긴다. 자신이 예외에 해당하지 않음을 증명하는, 이제껏 하지 않은 일을 해야 한다. 예외가 보편 위에 군림한다. 예외는 현장이 아니라 문서를 통해 발견된다. 관료들은 현장에 가지 않아도 되며 그럴 시간도 없다. 각종 위원회는 보고서만 탐문한다. 행정 업무는 폭발 직전까지 팽창한다. 입법 강화는 행정 심화를 부른다.

 이 모든 것은 인간의 본성이 사악하다는 전제하에 행정이 건축되었기 때문이다. 규제하지 않으면 인간은 사악해질 것이라는 가정하에서 행정법규가 청원되고 고안된다. 그것이 이 나라의 법철학이다. 행정법이 규칙을 정해놓지 않으면 사람들은 부정, 편법, 뇌물, 비리, 축재, 청탁 등의 나쁜 행동을 할 것이므로,

이를 예방하기 위해 입법을 한다는 것이며, 국가가 그런 예방을 하지 않으면 비난을 면치 못한다는 것이다. 이런 생각에는 국민은 악하지만 국가는 선하다는 전제가 내포되어 있다. 또한 국민의 악함은 국가가 앞서서 계몽하고 억제하고 해결해야 한다는 전제도 내재한다. 이런 국가주의적 전제에는 국민 개개인의 '자율성'과 '보편적인 도덕률'에 대한 신뢰가 결여되어 있다. 신뢰의 결핍이 과중한 문서 작업을 양산한다.

이른바 '사악함'을 예방하기 위해 만인을 규제하는 것은 특별한 부작용을 낳는다. 미래에 있을지도 모를 예외적 가능성을 핑계로 도덕률을 지키려는 다수의 자유의지를 억압하기 때문이다. 행정기관이 내린 과업을 개인과 기업이 수행할 때, 그들은 사실상 예비적 범죄자로서 그 과업을 수행하게 된다. 국민들은 예비 범죄자로 가정되어 있다. 예방적 차원의 규제 입법은 국민에 대한 통제를 강화하며 자율사회가 아닌 타율사회를 만든다. 동기보다 결과가 중요해진다.

건축술의 패러다임을 바꿔서 인간 본성의 도덕률을 신뢰하는 쪽으로 전제하는 것은 과연 불가능할까? 물론 사악함의 역습은 언제 어디에서나 있다. 대비는 필요하겠다. 그렇지만 예외에 대한 공포를 지나치게 과장하는 것은 인간 사회에 이롭지 않다. 효율적이지도 않다. 하지 않아도 될 일을 해야만 하기 때문이다. 국민의 생명과 건강에 대한 위해를 예방한다거나 약자의 피해 발생을 막는다거나 공동체의 해체를 초래하는 위험에 대한 규제가 아니라면, 사악한 예외는 사전적 예방보다 사후적 처벌로 대응하는 것이 선량한 다수를 위해 좋고, 명징한 징벌을 통해 공평성 회복을 효과적으로 도모할 수 있어서도 좋다. 이를테면 예방적 차원의 조치가 선량한 다수를 피곤하지 않게 하고, 사후적 조치로 당사자만을 처벌하거나 그들의 비즈니스를 어렵게 하는 접근은 과연 불가능한 것인가?

우리 잠시, 생각을 한번 바꿔보자. 국민의 양심과 자율성을 신뢰해 예방적 조치보다는 사후적 조치로 행정을 건축한다면, 일탈한 당사자만을 평가하거나 규제할 수 있다. 대다수 양심의 명령에 따르는 자율적인 국민들은 자신과 아무런 상관없는 행정규제의 억압과 무례로부터 자유로워진다. 일탈하는 소수에 대한 가정적 우려로 말미암아 다수가 인내하고 희생하는 힘겨움에서 벗어난다. 그러므로 규제 입법의 바람직한 위상은 사후 처벌을 강화함에 있다는 결론에 이른다. 같은 취지로 정당과 시민단체도 사사건건 국가에 예방 법규를 청구하기보다는 사후 처벌을 강화하라고 요구하는 편이 좀 더 건설적이다.

몇 가지 예를 들어보자. 대학등록금 문제를 해결하는 방안을 놓고서 어떤 이는 '반값 등록금' 정책을 주장하고, 또 어떤 이는 '국립대학 통합네트워크'를 주장했다. 반값 등록금 정책은 국가재정으로 무작정 지원하자는 쪽으로 흐르지는 않는다. 국가가 모든 사학에 돈을 공평하게 줄 수는 없으므로 지원받을 대학에 대한 각종 평가 정책이 병행된다. 그러나 이는 정치인이나 시민단체가 상상하지 못한(아니면 대수롭지 않게 여기는) 문제를 유발한다. 국가의 지원정책은 행정 업무를 늘리고 만다는 것이다. 교육을 위한 행정이 아니라 지원받기 위한 행정 업무를 낳는다.

교육 관료는 규제정책과 평가 기준을 만든다. 그것은 각종 지원정책과 연계된다. 대학은 그 정책과 기준을 만족시키기 위해 정성을 다한다. 대학의 연구 능력은 행정기관이 부과한 행정 업무에 대응하는 데 소진된다. 여기에 사학 개혁이라는 정치 의제가 결합하면 문제는 더욱 복잡해진다. 대학 운영에 필요한 공적 자금을 지원한다는 '순수한 동기'가 여러 가지 규제와 정치적 요구를 발명해낸다. 그러나 그런 동기가 무색하게도 현장에서는 요식적/문서적 행위로 집행된다. 이런 행정 업무를 수행하는 자원이 교육 자원이라면 잠시 멈춰 생각할 필요가 있다. 단순히 모든 원인을 사학재단의 무능과 무책임으로 돌리는 것은 논자들에게는 편리하고 유용할 것이다. 하지만 그런 환원론은 논쟁적이며 감정적 대립을 선동한다.

한편, 한국 사회의 대학교육을 개혁하기 위한 방편으로 주로 진보적인 지식인들이 '국립대학 통합네트워크'를 주장했다. 실현 가능성과 현실성을 고려하지 않은 이상주의적이며 느긋한 견해다. 이들은 대학생들의 높은 등록금 부담이라는 논점을 고등공교육 구조조정이라는 논점으로 바꾸고 말았다. 진보는 '돈의 크기'에 대해 심리적 결벽증을 갖는다. 돈의 문제를 돈의 문제로 해결하기보다는 좀 더 큰 그림의 구조적 개혁을 주장한다. 그런 '논점 바꾸기'가 서민의 고통을 가중하고 무관심을 초래하는 정치의 덫이라는 것을 진보만 모른다. 이렇게 함부로 논점을 바꿨지만 실상 문제는 더 복잡해졌고 효율성도 적다. 설령 그런 정책을 주창하는 정당이 집권해 국가의 위세로 국립대학 통합네트워크를 실시한다 하더라도 절차와 합의와 법령의 근거 설립이라는 게 있다. 권력이 결심하면 모든 국립고등교육기관이 포복해야 한다는 생각은 쉽지 않은 발상이다. 어째서 통합네트워크를 만들 것인지에 대한 공론도 필요하지만, 어떻게 통합네트워크를 만들 것인지에 대한 합의도 필요하다. 논쟁 끝에 결국 '위원회'가 만들어질 것이다. 먹물과 가방끈의 결투가 벌어진다.

    지식인들은 저마다 논리를 대고 통계를 동원하며 르뽀를 인용한다. 갑론을박에 그치지 않는다. 병은 제안하고 정은 부인하며 무는 싸운다. 이름하여 '갑론을박병안정부무투'다. 저마다 자기 원칙을 주장하며 예외를 거부한다. 결벽증 환자처럼 예외를 몹시 싫어한다. 힘의 대결 끝에 타협을 하고, 필경 '위원회'가 생길 것이다. 그렇게 싸워서 만든 온갖 위원회는 1년에 고작 몇 번의 회의를 하다가 잊혀지곤 한다. 행정의 낭비다. 그렇게 잊혀질 것이라면 왜 그렇게 피곤하고 격렬하게 논쟁하는지 의아스럽다.

이를 '위원회 행정'이라고 부른다. 복잡한 문제를 더 복잡하게 만들었으므로 문제의 해결까지 첩첩산중이다. 위원회에서 활약하는 교수와 관료들은 각종 보고서를 양산한다. 현장은커녕 문서를 만들고 읽느라 에너지를 소모한다. 이를 '보고서 행정'이라고 부른다. 문제 해결은 현실이 아니라 보고서 속에서 이루어진다. 위원회 행정과 보고서 행정이 만연하면 정치인은 관료를 도저히 이겨낼 수 없다. 인사권과 감사권을 행사하며 요식적으로 괴롭힐 수 있을 뿐이지만 일시적이다. 위원회 행정과 보고서 행정에 의해 뒷받침되는 관료행정에서는 정치가 관료의 디테일을 이기지 못한다.

위원회의 요직은 구색 좋은 교수직군을 위시한 전문가 그룹이 속속 차지한다. 그들의 논문과 저술과 주장은 보고서의 각종 근거와 인용에 요긴하게 쓰인다. 그들의 명예욕과 과장과 고집스러움은 총체적으로 사회의 관료화에 봉사한다. 지식인들의 주장과 조언이 관료행정에 봉사할 때 여하한의 문제 해결은 더 어려워진다. 지식인들의 편견과 고집은 오히려 문제를 난해하게 만들고 시민사회의 대립을 격화시킨다. 그런 상황에서도 관료들은 책상 위에 놓인 문서에서 누군가를 평가한다. 그 문서는 국가의 지원과 규제를 결정할 터다.

초국가주의 좌우합작

사회문제를 해결함에 있어 여러 주체가 있다. 그 주체로는 국가, 시장, 시민사회, 개인을 들 수 있다. 국가 권력, 시장의 자율성, 시민사회 운동, 그리고 개인의 성찰이 저마다 사회문제를 해결할 수 있는 힘을 지닌다. 문제 해결에 있어 보수와 진보는 생각이 다르다. 우리나라 보수는 시민사회와 개인의 역할을 과소평가한다. 반면 진보는 시장의 기능을 외면한다. 한국의 보수는 한편으로는 시장의 간섭을 줄이고 작은 정부를 지향해야 한다는 '원론적인' 의견을 피력하지만, 다른 한편으로는 강력한 통치행위를 선호한다. 그들은 누구든지 집권자의 의지에 반듯하게 복종할 것을 원한다. 보수주의자들에게 국가 권력은 완장을 찬 경찰기관이다. 진보는 개인의 행복과 불행에 대해 국가가 직접 나서서 해결하라고 요구한다. 우리나라 진보주의자들은 국가 권력을 만악의 근원처럼 따지다가도 또 모든 문제의 해결사처럼 여긴다. 국가는 어제 '다스 베이더'였다. 그러나 오늘은 '제다이'다. 이 나라 사람들은 보수와 진보를 막론하고 모든 문제를 국가 권력이 해결할 것을, 해결해줄 것을 기대하며 정책을 짜고 집행한다. 국가주의는 좌우를 초월한다. 초국가주의 아래의 좌우합작이다. 누가 집권하든 간에 법률은 남용되고 정책은 범람하며 예산은 남발된다. 시장과 시민사회와 개인은 국가의 신민일 뿐이다.

초경쟁에 빠진 국민의 고통을 외면한 채 시장에 권력을 넘기며 국가가 애써 자기 할 일을 축소하는 풍토를 두고 신자유주의라고 사람들은 비판한다. 신자유주의라는 단어는 정말로 요긴하다. 사회를 비평하는 문장에서 주어, 서술어, 목적어, 보어 어디에 넣어도 그 문장을 그럴싸하게 빛내준다. 학자연하고 진보연하게 치장할 수 있는 단어다. 그렇지만 대한민국 정부는 한 번도 시장에 권력을 넘긴 적이 없다. '권력은 시장으로 넘어갔다.'는 노무현 전 대통령의 푸념은 당시 청와대의 나약함만을 술회할 뿐이다. 특혜를 남발하고 영리가 공리를 앞서는 것은 권력자들의 문화 수준을 보여준다. 그렇지만 그런 문화가 가능한 것도 국가 권력의 위세 덕분이다. 모든 과업은 국가의 것이었으므로 국가는 자기 할 일을 축소하지 않았다. 단지 '자기 할 일'이 무엇인지 모르고 권력자 노릇을 했을 뿐이다. 무능할 수는 있어도 무력하지는 않았다. 기실 대한민국 정부에게 자기 할 일이 무엇인지는 중요하지 않았다. 모든 일이 국가의 일이기 때문이다. 초국가주의 대연정 아래에서는 국가는 무엇이든지 할 수 있는 환상을 풍긴다. 우리나라에서는 신자유주의 담론이 이론적일 뿐이다. 이곳은 자유주의조차 정립되지 않은 땅이며, 신자유주의라고 불릴 만한 사회는 아니었다. 십여년 전부터 (외국 학자들의 표현을 수입해) 그저 습관적으로 그렇게 표현했을 뿐이다.

앞에서 말한 것처럼 사회문제를 해결하는 주체는 국가 권력 말고도 시장이 있고, 시민사회가 있으며 또한 개인이 있다. 저마다 사회문제를 해결하는 솔루션이다. 국가는 완벽하고 완전한 솔루션이 아니다. 모든 문제를 국가 권력을 써서 해결하려고 들 때 가장 치명적인 단점은 예외에 대한 알레르기 반응이다. 예외가 정말로 예외적인 현상으로서 존재하는 것이라면 치명적인 문제가 아니다. 오히려 그것은 사회가 건강하다는 방증이다. 가난과 차별이 예외적인 현상이라면 그 사회는 건강한 것이다. 주거보증금의 요구가 예외적인 현상이라면 목돈사회의 문제는 이미 해결된 것이다. 어떤 사립대학 경영학과의 등록금이 1년 기준 2,000만 원인 데 반해 다른 대부분 대학의 등록금이 저렴하다면, 그런 예외는 국가의 힘을 요청할 사회문제로 볼 수 없다. 예외는 오히려 사회가 잘 작동하고 있음을 견고하게 보여준다. 그러나 한국에서는 예외가 쉽게 과장된다.

예외에 대한 긍정적이고 낙관적인 취급은 다양성을 지켜주는 자양분이다. 획일화는 자유를 침해하고 독점을 낳을 뿐이다. 사회 문제를 해결하기 위해 인간이 만든 솔루션(그것이 국가 권력에 의한 것이든 시장이나 시민사회나 개인에 의한 솔루션이든)은 완벽하지 못하다. 빈틈이 있게 마련이다. 그러므로 그 빈틈에서 비롯된 예외 현상은 솔루션의 치명적인 단점이 아니다. 예외는 치명적인 바이러스나 악의적 침입이 아니다. 따라서 어떤 솔루션이든 완벽한 방화벽을 만들 필요가 없으며 될 수도 없다. 위험은 언제나 가능성으로 존재한다. 두려움과 심리적 거부감이 위험의 존재 형식이다. 그러나 대부분의 위험은 실제로는 존재하지 않는다. 그런 위험을 국가의 힘으로 모두 차단하겠다는 시도는 불가능하다. 오히려 관료주의자의 오만과 예외에 대한 편집증만을 키우고, 쓸데없이 규제만 증가시킬 뿐이다. 그로 말미암아 선한 사람들의 인내와 수고로움이 소모된다. 목돈사회 주제와 다소 벗어난 문제이지만, 공인인증서 제도는 그런 편집증의 대표적인 결과물이다. 국가가 시장에서 이루어지는 사적인 거래행위에 대해 완벽한 솔루션으로 대응하겠다는 것이지만, 개인과 기업의 자유와 창의성만을 억압했을 뿐이다. '평'과 같은 전통적인 측량법을 불허하고 미터법을 강제하는 정책, 도로명 주소를 강제하는 정책, 특정 기업의 브라우저나 프로그램만을 사용하도록 강요하는 정책은 관료주의자의 편집증에서 비롯되었다. 흥미로운 점은 진보적인 정치인들의 일관된 침묵이다.

    목돈사회는 개인을 핍박하는 데 그치지 않고 그 개인이 속한 단체를 짓누른다. 가족이 멍든다. 목돈사회는 약자를 토벌해 노예로 삼는다. 이 비정한 평화로움을 깨기 위해 국가의 도움이 필요하다. "목돈이 문제라고? 그럼 목돈 요구를 법률로 금지시키면 되잖아요?" 아이들과 조폭과 독재자에게는 공통점이 있다. 머뭇거림도 없이, 판단과 행동이 신속하다는 것이다. 그들은 변수가 하나인 일차방정식의 해를 구하며 짜릿해 한다. 초국가주의에서 비롯된 입법만능주의에서 이런 태도를 자주 발견하곤 한다. 입법은 편리하지만 위험하다. 법률의 제정은 사회적 합의를 가장하지만 다수파의 정서 또는 막연한 필요성만을 대변하는 경우가 많다. 입법은 언제든지 공론을 왜곡할 수 있다. 무엇이 옳고 무엇이 정의인지에 대한 토론의 자극이 무엇이 불법이고 무엇이 범죄인가라는 입증의 자극으로 쉽사리 바뀐다는 점이다. 입법의 한계를 언제나 숙고해야 한다. 앞에서 말한 것처럼 입법은 법을 집행하는 행정기관의 업무만을 늘릴 뿐이다.

목돈사회 문제를 해결하기 위해 국가의 힘이 필요하긴 한데, 국가의 힘을 소환하자마자 우리는 관료가 지배하는 행정왕국을 만난다. 이를 적절히 견제하고 통제하는 것은 정치의 힘이다. 목돈사회의 문제를 해결하기 위해서는 국가의 힘과 정치의 힘이 함께 발휘되어야 한다. 그런데 한국 사회에서 언제나 문제되는 것이지만 정치에 의해 국민의 힘이 강화되기보다는 관료의 힘이 강화되고 만다는 난제가 남아있다. 정치가 각종 감사와 인사권을 통해 관료를 귀찮게 하고 통제하는 것처럼 보이지만, 실제로는 관료의 무수한 행정 업무를 통해 축적되는 잡다한 행정권한만을 강화할 따름이다. 국가주의에서 벗어나지 않는 한 정치는 무력하다. 입법에 대한 지나친 신뢰는 국가주의의 실천적 모습이다. 좌우를 막론한다. 입법의 대다수는 공권력을 부른다. 또한 예외에 대한 결벽적인 태도는 국가주의의 심리적인 모습이다. 이런 심리에는 진보와 보수의 구별이 없다. 국가는 '적절하게만' 사회문제를 해결할 수 있을 뿐이지 완벽하게 해결할 수는 없다.

목돈사회를 해결함에 있어도 마찬가지다. 입법만능주의를 경계해야 한다. 입법이 필요하다면 공적 영역이어야 하며, 사적 영역에 대한 입법은 다른 해결 주체들의 자율성을 먼저 고려해야 한다. 신분과 계층과 나이를 막론하고 개인에게 요구하는 능력을 초월하는 각종 보증금, 예컨대 전세금과 주거보증금 제도는 그것이 설령 우리 사회를 사악하게 만든다 해도, 규제 입법에 의해 해결하기는 어렵다. 다른 해결책이 필요하다. 목돈사회는 개인이 노동에 의해 얻는 소득보다는 부모로부터 상속받는 재산의 우월한 지위를 훨씬 강화한다. 빈부의 격차는 사후 세습에 의해 이루어지는 것이 아니라 평생 세습에 의해 이루어진다. 이런 경우에 소득을 담보로 한 대출을 국가가 일률적으로 규제한다면 소득을 벌어들일 노동밖에 가진 게 없는 젊은 세대가 더 큰 고통을 체험한다. 국가의 규제책이 개인의 경제적 자립을 방해한다. 노동에 의한 소득이 보장되어도 국가 규제에 의해 대출 한도가 정해지기 때문에 사실상 가족의 도움이 없이는 집을 구할 수 없다. 부모의 도움 없이는 결혼하기 힘든 사회가 된다. 반값 등록금 정책과 관련해서, 사립대학에 들어간 학생의 등록금을 어째서 국가가 해결해야 하는가라는 질문은 단순하지만 답하기 꽤 어렵다. 반면 국립대학의 등록금을 무상화하겠다거나 국립대학의 개수를 늘려나가겠노라는 정책은 반론하기 어렵다.

진보주의자에게 보내는 편지

개인의 자립을 옹호하기 위해 목돈사회 문제를 해결해야 한다. 이런 과제를 담론화하고 실천함에 있어 진보와 보수를 나눌 필요는 없다. 목돈사회는 단순히 목돈이 충분한 자와 목돈이 부족한 자를 구분할 뿐이다. 한 번에 많은 돈을 모을 수 있는 존재와 그럴 수 없는 존재가 서로 나뉜다. 한쪽은 극소수의 사람들이고 다른 한쪽은 대다수의 사람들이다. 한쪽은 인생 자체가 축복이자 기회이며 활력이지만, 다른 한쪽은 인생이 곧 인내의 연속이다. 부자에도 구별이 있다. '목돈부자'는 사회의 귀족이다. 반면 '소득부자'는 그렇지 않다. 그(그녀)가 높은 소득에 의해 우월한 경제적 지위를 누리더라도 자식 세대의 목돈 마련까지 충분히 해내지 못한다면 사실 부자가 아니다. 서민뿐만 아니라 중산층조차 목돈사회에서 고통을 받는다. 생계를 유지할 돈이 부족한 가난한 사람들은 말할 것도 없다. 그들은 사회가 태연히 요구하는 목돈에 응하기 어려운 까닭에 이중으로 고통을 당한다. 생활의 고통과 존재적 고통을 함께 겪는다. 그러므로 목돈사회는 신종 신분사회다.

신분사회를 인정하지 않으며 서민과 중산층의 입장을 대변하는 것이 진보의 정체성이라고 우리가 알고 있는 것처럼, 목돈사회 문제는 꽤나 진보적인 의제다. 그렇지만 진보는 목돈사회에 대해 침묵한다. 그들은 전세제도와 월세보증금 제도를 태연하게 존중하며 그것이 어떻게 개인의 자유를 빼앗는지 탐구하지 않는다. 단지 집값의 상승이나 하락만을 우려한다. 그들은 한국 사회의 불평등 문제를 고발하며 자주 외국의 제도나 사례들을 인용한다. 하지만 목돈사회의 문제는 한국의 고유한 문제다. 어째서 한국의 진보는 목돈사회에 대해 침묵하는 것일까?

나는 잘 모르겠다. 그들의 지식의 기원이 외국 사상이어서 그런지도 모르겠고, 외국에서 공부하고 온 사람들이 담론을 지배해서 그런 것인지도 모른다. 외국 사상이 분석하고 비평하며 제안하는 이론이나 정책은 대개 '정상적인' 자본주의 사회에 관한 것이다. 그런 사회들은 적어도 한 개인이 자신의 의지와 의욕과 성실함과 노동에 의해 경제활동을 하고 자기 인생을 사는 사회다. 성인이 된 개인은 가족으로부터 자립한 개인이다. 한국 사회는 그렇지 못하다. 개인은 함부로 자립할 수 없다. 자신의 능력만으로는 사회가 요구하는 목돈을 마련하지 못한다. 그렇기 때문에 개인은 가족으로부터 자립할 수 없는 개인이다. 요컨대 한국 사회는 '비정상 사회'다. 외국의 사상이나 사례 위에 지어진 지식 프레임으로는 한국 사회를 제대로 성찰하기 어렵다.

정치적으로 진보적인 사람들은 사회문제를 구조적으로 파악하는 경향을 띤다. 그리고 사회구조의 문제를 해결함에 있어 대립쌍의 길항관계를 선호한다. 계급투쟁 사상에서 비롯된 것이든 민족주의적 정념에서 비롯된 것이든 집단적 대립관계 프레임으로 사회를 해석하고 당위를 말한다. 경계가 분명해야 한다. 이쪽과 저쪽을 구별하는 분명한 경계선 만들기가 진보의 본질인지 취향인지 잘 모르겠다. 양극화의 문제와 경제적 어려움을 해결하고자 함에 있어서도 마찬가지다. 대립하는 두 개의 항이 필요하다. 이 두 개의 구조적 대립이 진보가 선호하는 구조주의를 구성한다. 예컨대 정규직과 비정규직, 고임금과 저임금, 대기업과 중소기업, 대형 유통사업자와 영세 슈퍼마켓 등등. 그렇게 집단적 대립이 구조화되는 것이다.

이런 방식의 사고 프레임 자체가 잘못이라고 평가하기는 어렵다. 하지만 세상의 모든 고통이 대립쌍으로 구조화되는 것은 아닌 것 같다. 목돈사회의 고통은 가족 단위로만 조직화된다. 온갖 대립쌍을 지워버린다. 정규직으로 고임금을 받는 사람조차 목돈사회의 고통에서 자유롭지 못하다. 그리고 그런 고통은 겉으로 잘 드러나지 않고 개인마다 가족마다 세대로 이어지며 내면화된다. 통계도 없으며 논문도 없고 기사도 없다. 집단화되지 않기 때문이다. 목돈사회의 고통이 전통적인 프레임의 대립쌍으로는 파악되지 않는다. 이런 까닭에 진보적인 사람조차 이율의 이득을 계산하면서 주거보증금을 합리적인 제도로 이해하는 듯하다.

소득에 관해 한국의 진보는 특히 나이브^{naive}하다. 중산층 이상의 높은 소득을 올리는 사람은 마치 경제적 고통에서 벗어난 부자로 여기는 사람들이 많다. 소득이 많더라도 목돈을 감당할 수 있는 재산이 없다면, 또 자식 세대의 목돈까지 감당하지 못하는 소득이라면 경제적 고통은 지속된다. 소득이 많기 때문에 소비를 늘리지만 재산이 없는 관계로 그들의 부는 연약하다. 부의 세습에 대한 견제는 소득세가 아니라 재산세가 될 것이다. 보유세, 증여세, 상속세가 부의 세습을 견제하는 대표적인 세금정책이다. 하지만 부가 축적되는 상당수의 경우는 '좋은 기회'에서 비롯된다. 목돈사회는 부자의 자식으로 하여금 더 많은 기회 탐색을 보장한다.

반면 대부분의 사람들은 그 기회를 잃는다. 기회를 포착할 자유가 별로 없다. 목돈 마련 닦달에 시달리는 까닭에 함부로 새로운 시도를 하기 어렵다. 기회 포착의 불평등이 매우 심하다. 사람들은 동물적인 감각으로 소득보다 재산이 더 중요함을 알아챈다. 또한 투기하는 욕망을 발굴해내고, 자연스럽게 투기를 권하는 사회가 된다. 성실함과 노동의 가치를 통해 기회를 찾는 게 아니라, 단번에 큰돈을 얻을 수 있는 '기회 투기'가 조장된다. 인간관계는 투기 속에서 수단화된다. 이것은 자본주의에 대한 구조적 비판만으로는 너무 부족하다. 목돈을 요구하는 사회는 정통 자본주의 구조에 부합하지도 않는 한국 고유의 문화적 문제다. 자립하기 힘든 사회에서 사는 개인의 고통은 통계적 고통이 아니라 존재적 고통이다.

부동산 투기를 자본주의가 만들어낸 소유욕으로 간주하면서 문명 비판으로 논점을 바꾸는 지식인도 많다. 그런 지식인의 상당수는 사회주의적 요소를 자본주의에 가미하는 해결 방안에 관심이 많고, 그것이 대개 '복지사회' 담론으로 이어진다. 이런 진보의 관념을 틀렸다고 말하기는 힘들다. 맞는 부분과 틀린 부분이 아마 함께 있을 것이다. 그러나 문제는 투기를 유발하는 한국인 특유의 존재의 고통을 인식하지 못하고 있다는 점이다. 사회가 목돈을 '보편적으로' 요구하기 때문에 '보편적인 투기'가 발생한다. 먼저 사회가 개인에게 존재에 대한 대가를 요구하지 않을 때 비로소 그런 문명 비판이 유의미성을 획득하지 않을까?

젊은 세대의 고통을 외면할 때 진보는 늙는다. 저소득과 비정규직 문제는 양극화 해소에 관한 진보의 주된 의제였다. 그런 문제가 조금씩 진전을 이룬다 한들 목돈사회에서 존재 고통을 겪는 젊은 세대에게 어떤 희망이 생기는 것일까? 어른 세대들이 만들어놓은 구조적인 방해물을 없앤다면 아이들은 스스로의 능력으로 자신만의 기회를 찾을 수 있다. 사회문제에 대한 '구조적 분석'만 고집하지 말고, 어른 세대의 '구조적 방해'를 바라봐줄 것을 진보적인 사람들에게 요청한다. 한국 사회에는 소득 양극화뿐만 아니라 세대 양극화가 있다. 우리 아이들이 커서 자립하기 쉬운 사회를 만드는 것이 부모 세대의 역할 아닌가.

5장
활력은 어디에서 오는가

'복지술사'의 탄생

목돈사회는 거주에 목돈을 결부함으로써 개인에게 극심한 고통을 초래할 뿐더러 사회구조를 위험하게 만든다. 선량하고 숭고한 사람들은 국가의 복지정책을 통해 개인의 고통을 완화해줄 것을 요구한다. 복지주의자에게 나는 묻는다. 복지로의 의지는 여러 가지 정치적인 입장과 어울려 고임금, 안정된 직장, 복지 인프라, 이 세 가지를 주문한다. 온갖 복지는 결국 돈에 관한 것이다. 건강, 교육, 보육, 노후 생활에 관한 각종 서비스에는 돈이 들어간다. 재정 문제다. 부유한 사람들은 사회적 복지에 둔감하다. 심지어 몇몇 부자들은 복지 부담을 반대한다. 그들에게는 삶 자체가 복지이기 때문에 복지제도의 필요성을 공감하지 못하거나 자신들을 겨냥하는 증세로 이해해 적대적인 심리 상태에 놓인다.

부자가 아닌 사람들의 임금이 올라가면 행복해질까? 저임금의 고통은 임금 상승으로 정말로 치유되는 것일까? 저임금 근로자가 현재 받고 있는 임금보다 2배 더 받고, 비정규직이 아니라 정규직 근로자가 되며, 최저임금이 지금보다 배가 된다면 경제적으로 안전해지는가? 외국 사회가 아니라 한국 사회에 대한 질문이다. 적지 않은 임금을 받고 있는 정규직 근로자조차 경제적 고통을 겪고 있다면 그 고통은 도대체 무엇인가? 하우스푸어나 상환이 어려운 은행 채무자 중에는 정규직 노동자가 없는가? 자녀를 양육하고 대학에 보내며 분가시키는 데 경제적 고통을 겪는 사람들은 모두 비정규직의 저임금 노동자뿐인가?

다행히 우리 사회는 기아 문제만큼은 거의 극복한 것 같다. 먹을 게 없어 굶어 죽는 사람이 지금도 어느 후미진 곳에 있을지도 모르겠다. 하지만 예외적인 일이다. 지금의 저임금 문제는 100여년 전 노동자의 저임금 문제와는 다르다. 물질적 풍요로움은 기아의 위협으로부터 인간을 구원했다. 하지만 지금 시대의 경제적 고통은 받을 돈의 크기 문제만은 아니다. 어딘가에 지불해야 할 돈이 너무 크게 늘었기 때문에 심화된 고통이다. 요컨대 저임금사회가 아니라 고지출사회가 더 적당한 관점이다. 그렇다면 사람들이 어디에 돈을 지출할 때 고통스러운지를 먼저 살펴야 한다. 큰 고통을 부르는 지출은 무엇인가? 그리고 그중에서도 다른 나라에 없는 우리나라 특유의 지출 고통은 무엇인가? 지출을 단순히 소비로 보면 개인의 문제가 될지도 모른다. 그러나 지출이 필수 항목이며 그것이 개인의 행복과 불행을 결정한다면, 그 지출은 사회구조의 문제가 된다.

저임금의 문제를 지적하는 사람이 조그마한 가게를 운영한다거나 작은 기업을 경영한다고 했을 때, 그(그녀)는 과연 직원들에게 고임금을 지급할 수 있을까. 천진난만하게 시장 평균 임금이 낮다고 탓하면서 그보다 훨씬 더 많은 임금을 주겠다는 자발적인 포부를 가진 사람을 지금껏 만난 적이 있는가. 유감스럽게도 나는 거의 만날 수 없었다. 기업이든 조합이든 심지어 시민단체에서든 말이다. 저임금과 비정규직이 만연된 사회를 비난하고 혀를 차면서도, 자기가 운영하는 회사 조직에서는 오히려 더 낮은 임금을 지불하는 사람을 만나는 것은 그다지 어렵지 않았다. 그들을 비난하려는 마음은 없다. 도대체 저임금과 고임금을 구별하는 기준에 관한 질문, 그것이 어떤 의미가 있는지에 관한 의문이다. 적은 돈을 월급으로 받든 많은 돈을 월급으로 받든 어쨌든 인간답게 생활할 수 있다면 괜찮은 게 아닌가? 그런데 대체 인간답게 생활한다는 것은 무슨 의미일까?

우리는 어느 한 인생의 인간다움이라는 기준을 객관적으로 제시하지는 못한다. 사람마다 인간다움을 느끼는 기준이 다르기 때문이다. 그런 기준에 대해 그런 대로 우리가 제시할 수 있는 것은 두 가지가 있을 것 같다. 건강함을 보장하는 물질적인 생존과 헌법상의 행복 추구권이 그것이다. 행복을 추구할 권리? 사람들은 누구나 자기 인생의 행복을 위해 노력한다. 하지만 그 노력을 꺾어버리는 사회구조가 있다면 이것을 대체 어떻게 해야 할까? 그런데 그런 사회구조에 대해 모두가 침묵하고 있다면 이런 현상을 또 어떻게 설명할 수 있을까?

자유 혹은 자유의지는 인류의 가장 빛나는 성과이며, 인간의 존엄성을 규정한다. 확실히 교과서나 철학 책에 그런 이야기가 있기는 하다. 하지만 우리 사회가 과연 개인에게 그런 가치를 허락하고 있을까? 어떤 개인이 자기 인생을 스스로 결정할 수 있을까? 무엇이 우리의 자유를 핍박하는가?

목돈사회 자체는 개인의 자유를 핍박한다. 단순히 돈 때문에 인간이 타락하거나 자유를 잃지 않는다. 그 정도로 인류가 나약하지는 않다. 수입의 많고 적음에 의해 인간이 본질적으로 달라진다고도 생각하지 않는다. 이런 인생과 저런 인생이 있을 뿐이다. 어느 한 개인의 능력으로는 감당할 수 없는 목돈을 사회가 개인에게 '보편적으로' 요구할 때, 자유는 핍박당한다. 서서히 그리고 통째로 억압당한다. 한국 사회의 목돈은 조세보다 훨씬 큰 사회적 과세다. 출신과 소득과 연령을 고려하지 않고 목돈을 부과한다. 1장에서 말한 것처럼, 그리고 누구나 아는 것처럼, 국가의 세금 제도는 그럭저럭 소득의 수준에 따라 차등해 부과한다. 하지만 목돈사회는 누진과세를 모른다. 개인의 능력을 초월하는 목돈을 요구하지만 목돈을 초월하는 능력의 부자가 있어서, '목돈과세'는 '역누진성'을 띤다. 이와 같은 사회적 과세를 짊어지며 사는 국민이 우리나라 말고 또 어느 나라에 있을까? 어느 나라가 우리 같은 시장구조와 문화로 유지되고 있는가?

통계마다 다르지만, 대한민국 전세보증금의 추정 평균 금액은 1억 원을 넘는다. 시골 지역의 전세보증금까지 고려한 통계라는 점을 굳이 생각할 것도 없이, 이 돈은 결코 적은 돈이 아닐 듯싶다. 서울은 여기에 1억 원 이상을 더 얹어야 한다. 이 돈을 모으려면 얼마나 많은 노력이 필요하고 또 얼마나 긴 시간이 걸릴까? 사람들은 그만큼 월세와 비교해 주거 비용이 저렴하지 않느냐고 반문한다. 그런 반문을 먹고 목돈사회가 되었다. 그런 반문에 기생하면서 만들어진 지하경제가 수백 조, 아니 1,000조 원을 넘는다. 1,000억 원이 아니며 10조 원도 아니다. 그 목돈은 은행에 안전하게 있을까? 그렇지는 않을 것이다. 임대인은 자기 욕망을 채우느라 그 돈을 아편처럼 사용하지 않았을까? 은행과 부동산업자들은 이 꽃놀이패를 만끽하며 탐욕을 부추겨왔다.

목돈게임은 시지포스^{Sisyphos}처럼 반복된다. 이런 반복성과 지속성이야말로 목돈사회의 진정한 폭력이다. 성춘향은 홍길동의 집에 전세 들어 산다. 그녀는 홍길동에게 임대보증금으로 3억 원을 줬다. 홍길동이 그 3억 원을 다 인출해 써도 사실상 괜찮다. 어느 날 성춘향이 이사를 가겠노라며 홍길동에게 3억 원을 돌려줄 것을 요구했다. 그러자 홍길동은 성춘향과 아무 상관없는 다음 임차인 임꺽정에게 3억 원을 요구한다. 3억 원이 아닌 4억 원을 요구할 수도 있다. 그다음은 장길산, 황진이, 이몽룡…. 이렇게 하여 구슬 꿰기 놀이가 펼쳐진다. 서로 아무 관련도 없는 사람들인 성춘향, 임꺽정, 장길산, 황진이, 이몽룡이 줄줄이 임대보증금이라는 줄구슬로 엮인다. 이렇듯 목돈게임은 한반도를 하나의 패밀리로 묶는다. 목돈사회는 모든 개인을 연좌한다. 대를 이어서 연좌하다 보면 필경 후대가 비명을 지른다. 선대가 만든 사회가 젊은이들의 무릎을 꺾어버린다. 이런 꼴을 당하는 것은 결국 당신의 자녀가 아닐까? 주거는 생존과 존엄성을 결정한다. 어딘가 두 발을 뻗고 자면서 내 예쁜 새끼들을 먹여 살리고 키우는 게 인생이다. 모든 사람이 자기 집을 소유한다거나 모든 이가 집을 서로 공유하는 세상을 상상하지는 않겠다. 비록 목돈이 없어도 수입과 능력에 맞게 살면 되지 않을까? 목돈사회는 당신의 자녀를 닦달한다. 부모인 당신조차 마련하기 힘든 목돈을 당신의 자녀에게 요구한다. 그러면 개인은 가족의 힘으로 다 함께 맞서거나 은행을 찾는다. 개인의 자유?

복지주의자들은 현대인의 고단한 인생이 도저히 개인의 힘으로 치유될 수 없음을 간파한다. 무거운 짐을 드는 게 혼자 힘으로 불가능하다면 다 함께 들면 되지 않겠느냐는 것이다. 나는 이 반문이 옳다고 믿는다. 적어도 다양한 분야의 사회적 복지는 조금씩 전진해왔다. 확신에 찬 사람들은 '보편적 복지'를 말한다. 그런데 과세의 증액 없이 그런 복지가 과연 가능할까? 복지를 말하면서 과세의 증액을 감추는 자들은 복지주의자가 아니다. '복지술사'에 불과하다. 증세 없는 복지는 불가능하다. 그러자 급히 계산기가 필요해진다. 통계 수치를 선호하는 전문가들은 서구 여러 나라의 세금 통계를 제시하면서 증세의 필요성과 그 여력을 논한다. 하지만 우리에게 필요한 것은 다른 나라와의 비교가 아니라 고유한 한국의 현실을 제대로 인식하려는 자세다. 과연 우리 사회의 개인은 증세를 감당할 여력이 있을까? 서구 사회는 적어도 엄청난 목돈을 사회가 개인에게 요구하지 않는다. 주거보증금 제도 자체가 사실상 없다. 그러나 한국인들은 목돈을 준비해야 한다. 자기 임금을 초월하는 사회적 과세 말이다. 이 사회적 과세와 이 과세로부터 비롯되는 부담은 통계에 드러나지 않는다. 개인에게 세금은 지출이다. 한국인들은 사회가 요구하는 목돈을 마련하느라 빚을 진 상태에서 세금을 내고 있다. 천문학적인 가계 채무가 이를 증명하고 있지 않은가? 목돈 사회가 지속되는 한, 복지주의자가 말하는 증세가 한국 사회에서 과연 가능할까? 목돈게임은 개인으로부터 증세 여력을 없애 왔다.

복지를 주장하는 사람에게 필요한 것은 통계가 아니라 통찰이다. 외국의 사례가 아니라 한국의 현실이다. 비교 고찰이 아니라 고유 고찰이 우선시되어야 한다. 그러므로 복지예산을 말하고 증세를 말하기 전에 먼저 이런 사회적 과세를 없애는 것이 더 시급하다. 보편적 복지를 위해서라도 보편적 목돈을 없애는 것을 우선 해결해야 한다. 사람들이 현실에서 겪는 고통의 복잡한

계통을 탐구하지 않고 복지의 이론적 장점을 설파할 때 복지술사가 탄생한다. 목돈사회를 외면한다면 모든 숭고한 복지정책은 연금술로 전락한다. 연금술사가 권력을 쥐면 국민의 환상이 커진다. 환상이 커지는 만큼 쇠락의 폭도 크다.

복지술사는 다음과 같이 반론하고 항변할지도 모르겠다. 모든 이가 목돈으로 말미암아 고통받는 것은 아니며, 전세제도 덕분에 서민의 월세 부담률이 선진국의 월세 부담률보다 낮아졌고, 이에 따라 사회적 과세는 오히려 우리가 적다고 볼 수 있으므로 결국 우리 고유 시스템이 잘못되었다고 볼 수 없으며, 어차피 전세에서 월세로 바뀌는 추세이므로 이 시스템을 흔들지 않고서도 충분히 복지정책을 실현할 수 있다고 말이다. 이런 반론은 아마도 자기 집을 갖고 있거나 목돈을 이미 마련한 식자들의 통념이라는 생각을 지우기 힘들다.

경제적으로 가난하거나 상대적으로 젊은 사람들, 그리고 그들의 가족이 목돈사회의 고통에 정면으로 노출되어 있고, 이들이야말로 복지주의자들이 말하는 복지 혜택의 대상자들이라는 점, 전세제도는 집값 투기의 진정한 동력으로 작용했다는 점, 집값이 우리 사회의 경제 수준보다 과대평가되어 있어서 월세 부담률이 통계적으로 낮은 것이며, 전세에서 월세로의 변화는 다른 나라처럼 무보증 정상 월세로의 변화가 아니라 보증금은 보증금대로 받는 월세로 변화하고 있어서 개인의 고통은 오히려 가중된다는 점, 전세금을 포함하는 임대보증금 덕분에 월세가 다른 나라보다 적어서 개인의 부담이 낮은 것처럼 보이지만 한국의 가계는 지속적으로 저축률이 낮아지고 있어서 실상 유동 현금이 별로 없다는 점, 그동안 국가는 임대정책보다 분양정책에 초점을 맞춘 까닭에 저렴한 월세 시장을 형성하지 못했고 이는 지금이라도 정책적으로 대응할 필요가 크다는 점, 마지막으로 은행 빚이 없는 상태에서 느끼는 지출의 부담과 은행 빚이 많은 상태에서 느끼는 지출의 부담을 함부로 비교한다면 자유가 인간에게 미치는 힘을 가볍게 보는 태도라는 점을 재반론으로 말하고 싶다.

돌려받을 수 있는 돈? 어떤 이는 이를 임대보증금의 사회적 과세 성격을 부인하는 논거로 들지도 모르겠다. 어차피 돌려받을 수 있는 돈이 아니겠느냐고 말이다. 하지만 목돈사회에서 주거보증금은 피할 수 없는 목돈게임의 판돈이다. 돌려받더라도 다른 곳으로 이사할 때 어떤 식으로든 그 돈을 써야 한다. 개인적으로는 내 돈이지만 사회적으로는 내 돈이 아니다. 그 금액이 몹시 커서 은행을 찾기도 한다. 보증금을 마련하려다 빚쟁이가 되어야 된다. 빚 없는 인생의 자유로움과 빚 있는 인생의 자유로움을 어떻게 비교할 수 있을까? 아니 그런 문제를 차치하더라도 어차피 돌려줄 돈을 왜 요구하는 것일까. 만약 그(그녀)가 다시 임대보증금을 낼 필요 없이 거주할 수 있다면, 또 굳이 집을 살 필요도 없다면, 그 돈은 우리의 자원이다. 우리에게 석유는 없지만 어마어마하게 묶인 돈은 있다. 저마다 '자유'와 '자원'을 함께 얻을 수 있다. 활력과 복지는 먼 곳에 있지 않다.

주택 가격은 만인의 관심사다. 복지주의자들의 관심거리이기도 하다. 주택을 소유한 사람들은 목돈사회로부터 자유로울까? 그렇지 않다. 목돈게임은 단체전이기 때문에 장차 자식의 목돈을 대신 마련해줄 책무를 져야 한다. 주택 소유자라 해도 창업을 하여 기업 경영을 하다 보면 그 주택은 은행 소유가 될지도 모른다. 경기에 영향을 받지 않는 '슈퍼리치'가 아니라면, 주택 가격의 상승은 결국 부메랑처럼 되돌아올 것이다. 주택 가격의 상승과 하락은 시장에 의해 이루어진다. 규제의 강화에 의해 주택 가격이 하락하지 않았으며 반대로 규제의 완화에 의해 주택 가격이 상승하지도 않았다. 노무현 정부와 이명박 정부로부터 우리는 교훈을 얻을 수 있다. 정부의 정책은 단지 폭주와 추락만을 늦출 수 있을 뿐이다. 시장의 흐름에 의해 주택 가격이 상승하거나 하락했다. 그럼에도 불구하고 여전히 주택 가격은 국가 경제와 국민의 소득수준에 비해 월등히 높다. 임대보증금 제도 덕분이다. 투기 자금이 있어야 거품이 생긴다. 우선 자금은 금융기관에서 비롯된다. 금융기관은 돈을 빌리는 사람보다 우월하다. 그러나 집주인은 세입자로부터 자금을 끌어들일 수 있다. 임대인은 우월한 지위를 누리면서 동시에 자금을 가져다 쓸 수 있게 된 것이다.

위기 속에 구원이 있다. 거꾸로 임대보증금 제도가 사라진다면 투기는 자금을 잃을 것이다. 그러므로 주택 가격에 주된 관심을 가지기보다는 전세제도나 반전세제도를 보증금 없는 정상 월세로 전이하도록 하는 데 초점을 맞추는 것이 현명하다. 주택 가격의 연착륙이 아니라, 월세제도의 연착륙을 고민하는 것이 우리 사회를 위해서도 더 건강한 태도다. 이는 곧 모든 개인에게 부과하는 사회적 과세를 없애면서 개인의 복지를 향상시키는 밑거름이 될 수 있다. 대단할 것도 없다. 그저 여느 다른 나라처럼 사회를 정상화시키는 정책이다. 복지주의자에게 이러한 현실과 가치를 나는 묻는다.

자립하기 힘든 사회가 낳은 병폐

모든 문제를 국가제도의 미비로 보기는 어렵다. 몇 가지 복지 문제의 주요 원인은 개인에게 존재의 대가로 돈을 요구하는, 그것도 큰돈을 요구하는 사회 그 자체에 있다. 이를테면 목돈사회의 사회적 과세가 저출산을 불러냈다고도 생각한다. 목돈사회는 결혼 자체를 억압하고 왜곡하기 때문에 그 억압과 왜곡의 효과가 자연스럽게 출산율 저하로 이어진다. 이런 사회적 과세가 노인 문제의 악화를 야기하기도 했다. 또한 목돈으로 사람의 기를 꺾는 것도 모자라, 기업의 창의성마저 죽인다. 목돈사회는 모든 사회적 활력을 핍박한다. 자살이 늘어나는 것을 당분간은 막기 어렵지 않을까? 한국 사회는 총체적으로 망가져 있다. 누구든지 이 사회를 탈출해 새 희망을 찾는 게 나을지도 모른다. 하지만 탈출도 아무나 하는 것은 아니다. 침몰하는 배에서 탈출하는 권한은 공평하게 배분되지 않는다. 갑판을 지배하는 자들은 "가만히 있으라."라고 방송한다. 그들은 언제든지 자생할 수 있고 자립할 수 있다. 그러나 갑판 아래에 남겨진 자는 탈출하기 어렵다. 자립할 수 있고 자생할 수 있어야만 탈출할 권한을 얻는다.

가만히 있어서는 안 된다. 공멸한다.

출산율 저하 문제

사람들은 출산율 저하와 관련해 다양한 원인을 지적한다. 여성의 사회활동이 증가하면서 보육 인프라가 부족해졌다는 점, 자녀양육에 대한 경제적 부담과 결혼에 대한 관념의 변화 등이 지적된다. 확실히 그런 원인들이 함께 작용해 현재의 낮은 출산율을 불러왔다고 생각한다.[1] 그런데 보육 인프라가 확충되었다거나 자녀양육 지출이 지금보다 줄었더라도 출산율이 증가했을지는 의문이다. 출산을 하려면 결혼을 해야 한다. 좀 더 낮은 초혼 연령은 출산율을 높이는 데 결정적인 동인이 된다. 아이를 많이 낳으려면 가임기간이 길어야 하고, 그러려면 일찍 결혼하는 게 좋다. 당연하고 분명한 논리다. 결혼 연령이 높아지면 출산율도 낮아지게 마련이다. 따라서 출산율 저하의 문제를 자연스럽게 해결하기 위한 가장 유력한 방법 중의 하나는 성인남녀가 일찍 결혼하도록 유도하는 것이다. 개인의 결혼 시기를 사회가 강제할 수는 없어도, 결혼을 미루게 만드는 사회 요인을 다스릴 수는 있을 것이다.

---

1 2013년 한국의 출산율을 보면, 인구 1,000명당 출생아 수가 8.6명으로 기록되었다. 여성 1명이 평생 낳을 것으로 예상되는 평균 출생아 수(합계출산율)는 1.187명으로 OECD 34개국 중 가장 낮을 뿐만 아니라, OECD 평균 합계출산율 1.7명(2011년 기준)과의 격차도 커지고 있다(2014년 8월 통계청 발표, 〈2013년 출생 통계〉에서 인용).

결혼을 하려면 둥지가 필요하다. 주거지가 있어야 한다. 그런데 목돈을 구해와야 한다. 전세보증금을 구하든 월세보증금을 구하든 목돈이 필요하다. 개인의 소득과 신용을 이용해 자신의 경제적 사정에 맞는 주택을 구입하려고 해도 목돈이 필요하다. 금융제도가 발달한 다른 나라에서는 금융제도가 개인의 자립을 돕는다. 그러나 한국에서는 적어도 주택 가격의 30% 이상에 해당하는 금액은 스스로 마련해야 한다.[2] 주택 가격이 저렴하고 소득이 높다면 저축을 통해 그런 돈을 마련할 수 있을지도 모른다. 그러나 주택 가격이 소득수준에 비해 매우 높다면 젊은 세대가 30%의 금액을 마련하는 일은 불가능에 가깝다(주택 가격은 청년의 자립과 무척이나 깊은 관계가 있음을 지식인들이 알아줬으면 좋겠다.). 금융 규제는 어른 세대의 왕성한 투기를 규제하기 위해 젊은 세대에게 인내를 강요하는 제도이며, 결국 사회가 젊은 세대에게 목돈을 요구한다는 의미를 지닌다. 국가의 힘에 의지하는 규제가 모든 국민에게 공평하게 행해질 때 부자보다는 서민이, 중장년층보다는 청년층이, 강자보다는 약자가 겪는 고통이 더 크다.

흔히 주택 가격을 낮추거나 소득을 올리는 방법을 생각할 수 있을 것이다. 그렇지만 주택 가격의 하락이나 임금의 상승은 두 남녀가 결혼식을 올리기까지 걸리는 시간보다 훨씬 오랜 시

---

[2] 현 정부는 최근 LTV 규제에 관해 종래의 주택 가격 대비 대출한도를 60%에서 70%로 완화했다.

간이 필요하며, 이 두 가지 목표가 동시에 금방이라도 달성되는 것은 불가능한 일이다. 주택 가격의 하향 안정화와 임금의 상승을 도모하는 정책은 그것이 설령 올바른 방향이어도 청년 세대의 처지에서는 한가롭다. 어쨌든 한국 사회에서 결혼해 자신이 원하는 주거지를 마련하려면 목돈이 있어야 한다. 그런 목돈을 젊은 세대가 가지고 있을 리 없다. 부모의 도움을 구한다. 사회 구조적으로 자립하기 힘들다는 뜻이다. 모든 부모가 여력이 있는 것은 아니다. 결혼 시기는 자꾸 늦어지며 그러다가 열정은 식고 변심을 경험한다. 한국 사회에서의 출산율 저하는 어쩌면 당연한 귀결이다.

그러나 여느 정상적인 나라처럼 젊은 세대들에게 목돈을 요구하지 않는다면 환경이 완전히 달라진다. 모아놓은 돈이 없어도 현재 버는 소득만으로 결혼할 수 있다. 남자와 여자 모두 직장이 있고 수입이 있다면 그 수입에 맞게 주거지를 정할 수 있을 것이다. 부모의 간섭(도움) 없이 청혼하고 승낙하는 것이 가능하다. 자립한 두 남녀가 결혼하는 것이다. 결혼 시기가 자율적으로 정해진다. 가장 뜨거울 때 결혼할 수 있다. 이것이 자유의지, 곧 경제적 자립의 힘이다.

전문가들은 보육 시스템을 개선하고 다양한 출산장려정책을 주장한다. 경청할 만하다. 그렇지만 개인에 대해 존재의 대가를 목돈으로 요구하는 유례없는 사회적 과세가 지속되는 한, 출산율 개선은 어려울 것 같다. 성인남녀도 자립하기 힘든 마당에 한 인간의 잉태를 마음먹기란 얼마나 어려운 일인가.

노인복지의 문제

최근 한국 사회는 급격히 늙고 있다. 출산율 저하와 맞물리면서 초고령화 사회에 진입했다. 한편으로는 경제의 생산성을 우려하기도 하지만, 다른 한편으로는 노인복지를 염려한다. 특히 한국 사회의 경우에는 후자가 구조적으로 취약하다. 자녀 양육과 과도한 결혼 지원으로 말미암아 노후 대책이 미비하기 때문이다. 자발적인 미비다. 은퇴한 노인들의 생활비를 국가가 전액 책임지기는 쉽지 않다. 국가가 개인의 경제적이며 사적인 행불행幸不幸까지 구석구석 책임져야 하는 것은 아니며 그럴 만한 역량도 없다. 국가재정의 여력을 고려하자면, 아마도 인간으로서의 존엄성을 지키는 정도에서 국가의 복지 혜택이 제한될 가능성이 크다. 개인은 저마다 자기 인생에 대해 책임을 져야 하는 까닭에, 노인들도 노후를 대비하기 위한 준비를 스스로 해야 한다. 개인의 노력과 국가의 노력이 다 함께 이루어져야만 복지정책이 합리적으로 운용될 수 있다.

그런데 한국의 목돈사회에서는 자녀가 경제적으로 자립할 수 없기 때문에 '가족 단위'로 사회가 요구하는 목돈게임에 임해야 한다. 부모 세대는 자녀의 인생에 지나치게 많은 금액을 투자

한다. 그런 까닭에 부자가 아니라면 노후를 충분히 대비할 여력이 생기지 않는다. 자녀들에게 목돈을 지원한 까닭에 은퇴 후에는 자녀들에게 용돈을 받는다. 가족 단위에서 이루어지는 사적 금융이다. 하지만 그 자녀들에게도 자식이 있어서 경제적 지원 여력이 메마를 수 있다. 또한 자녀들에게 경제적 위기가 찾아온다면 그 위기는 부모의 노후에까지 직접 영향을 미친다. 이런 상황은 한국 사회에서는 지나치게 보편적이다. 목돈게임이 단체전으로 진행되는 결과, 부모들은 그 대가를 고스란히 치르게 된다. 단지 징후를 느끼기 어렵고 수십 년 후에야 심각성을 드러내는 까닭에 목돈게임의 후유증이 은폐될 뿐이다.

이처럼 한국 사회에서는 자녀 양육비용이 근본적으로 커질 수밖에 없는 구조다. 성인이 된 자식에게 '목돈'을 지원하는 부모의 책무는 외국에서는 좀처럼 발견하기 어렵다. 이것이 한국의 노인복지 문제의 고유성이다. 여느 정상적인 나라처럼, 사회가 개인에게 목돈을 요구하지 않는다고 상상해보자. 소득 중심의 경제 구조를 상상하는 것만으로도 노인복지 문제는 개선된다. 성인이 된 자식은 경제적으로 자립할 수 있으며, 자립한 자식에게 목돈을 공급하지 않아도 되기 때문이다. 부모의 경제적 능력은 비로소 부모를 위한 인생의 밑거름으로 온전히 쓰인다. 자식의 인생을 위해 지나치게 많은 돈을 부담하지 않아도 되기 때문에 자식이 있더라도 전성기 때 벌어들이는 대부분의 수입으로 자기 노년을 위해 대비할 수 있다. 자녀의 결혼자금이니 전세자금이니 하는 부담으로부터 부모 세대가 자유로워진다는 것은 얼마나 매력적인 위안인가.

그러므로 노인복지를 염려하는 사람들이 어째서 목돈사회의 병폐를 외면하는지 의문스럽다. 목돈게임을 순순히 받아들여서는 노인복지가 요원할 수밖에 없다. 국가는 모든 국민의 노후 인생까지 일일이 책임질 수 있는 무한한 자원이 아니다. 자원은 언제나 유한하다. 개인의 몫과 사회의 몫, 그리고 국가의 몫이 적절히 배분되어야 하지 않겠는가.

자녀교육의 문제

한국 사회에서 교육이란 대체 무엇이며, 어떤 의미를 갖는 것일까? 나는 교육을 함부로 말할 수 없다. 하지만 우리가 이 사회의 성원이고 자녀의 부모라는 입장에서는 누구나 교육에 대해 발언할 권능을 가진다. 물론 교육은 너무 거대한 담론이며 영아의 교육에서부터 노인의 평생교육에 이르기까지 모든 세대와 모든 연령에 걸쳐 있어서 논점이 많고 쟁점이 허다하며 수많은 고뇌에 직면한다. 심리적이며 경제적이고 개인 저마다의 의욕과 의지의 문제이며 또한 국가 인프라의 문제이기도 하다. 복잡하고 난해한 문제를 두고 우리가 할 수 있는 현명한 일이라곤 우선 범주를 만들어서 이 문제와 저 문제를 구별해놓는 것이다. 어른 세대의 평생교육의 문제를 분리해 자녀교육의 문제만 생각하자. 그리고 다시 영유아 보육의 문제, 초등교육의 문제, 중등교육의 문제, 고등교육의 문제로 각각 분리할 수 있다. 이것은 각각 전혀 다른 색채와 특성을 지닌다. 이렇게 분리해서 생각하면 교육 문제를 바라보고 해결함에 있어 좀 더 실천적인 국면이 될 것 같기도 하다.

그럼에도 좀처럼 공론을 만들기 어려운 까닭은 각 영역마다 자녀의 입장과 부모의 입장이 섞이기 때문이다. 온갖 철학과 정치적 입장이 개입한다. 교육은 중요하다고 말하는 것이야 쉽지만, 어떤 제도, 어떤 문화로 자녀교육을 하는 것이 바람직한지에 관해서는 '해답'을 찾기 어렵다. 적어도 교육정책에 관한 한, 함부로 이것 하자, 저것을 해야 한다는 식의 제안과 당위는 신중해야 한다. 느닷없이 규칙을 바꿔서 하루 아침에 순응하라는 결정은 행정관료의 모습이지 교육자의 모습은 아니다.

나는 이 복잡한 문제를 하나의 관점에서만 다루고자 한다. '자녀교육에 대한 부모의 심리'에 대해서만 이야기한다. 교육에 관해 한국 아이들이 특별하다기보다는 한국 부모들이 특별한 태도를 보이기 때문이다. 그리고 그것은 극심한 경쟁을 자극하고 경제적으로 과다한 사교육비 지출을 동반한다. 극심한 자극과 과다한 지출은 자녀에 대한 부모의 편집증적인 집착에서 비롯된다고 볼 수 있겠지만, 실은 불안해서 그렇다. 무엇이 그들을 그토록 불안하게 만들었을까? 지금에 이르러 사교육비의 과다 지출을 두고 단지 부모의 지나친 탐욕이라 비난하기는 어렵다. 민주화 세대는 부동산 투기의 주역으로 활발하게 경제활동을 했고 또한 사교육 열풍을 주도했다. 그 세대의 모든 사람들이 그랬던 것은 아니었겠지만, 민주화 세대가 사회에서 본격적으로 경제활동을 하기 시작했을 무렵부터 이전에 없는 사회구조가 만들어졌다. 그 세대들은 자립하기 쉬웠겠으나, 지금 청년들은 자립하기 어렵다.

자녀들이 쉽게 자립할 수 없다면 부모들은 '본능적으로' 자녀들의 인생에 개입한다. 그리고 적극적으로 지원하게 마련이며, 지원할 수 있는 자원을 수집하고 소모한다. 이는 부모로서 너무나 당연한 심리다. 앞에서 말한 것처럼, 목돈사회에서 벌어지는 목돈게임은 가족 단위의 단체전이다. 부모와 자식은 동시에 특별해져야 한다. 부모는 자녀의 목돈 마련을 위해 재산을 불려야 하며, 자녀는 좋은 학벌을 목표로 공부해야 한다. 전자는 부동산 투기를 부르고 후자는 교육 투기를 부른다. 교육 투기는 자녀의 정신세계를 볼모로 막대한 사교육비 지출을 초래한다. 한국 사회의 사교육비 지출 규모가 OECD 국가 중 1위를 차지한 것은 한국인의 몸속에 특별한 자녀교육 DNA가 있기 때문이 아니다. 다른 나라에는 없는 한국인만의 처지가 있기 때문이다. 한국인의 자녀들은 성인이 되어서도 경제적으로 자립할 수 없다. 그런 실존의 문제가 부모의 걱정을 점화하고 자녀 인생으로의 개입을 촉발한다.

한국 사회에서의 자녀교육 문제는 순수하게 교육 자체의 구조적 문제로 볼 수 없는 사정이 있는 것이다. 교육 인프라와 교육정책만 떼어놓고 구조적으로 고찰할 수 없으며, 교과과정을 고친다거나 공교육을 강화한다거나 혹은 사교육 시장을 규제하더라도 사교육비 지출은 막기 어려울 것이다. 구조적 문제보다는 심리적 문제가 더 규정적이기 때문이다. 우리 사회 자체가 자녀들이 쉽게 자립할 수 있는 사회가 아니라는 사정이 부모의 심리 전체를 장악한다. 이처럼 교육 투기는 목돈사회, 즉 자립하기 힘든 사회가 초래한 부모의 불안과 책임감에서 비롯된다. 그러므로 여느 정상적인 나라처럼, 사회가 개인에게 목돈을 요구하지 않음으로써 자녀들의 경제적 자립이 용이하다면 한국 사회의 고질적인 교육 문제는 확연히 개선될 것이다. 우선 부모의 불안한 심리가 개선된다.

이혼 문제

한국 사회는 인구 1,000명당 2.3건의 조이혼율을 보인다.[3] 언뜻 보기에 이혼율이 높지 않은 것처럼 보인다. 그러나 어떤 통계를 사용하느냐에 따라 다르다. 2014년 6월에는 총 2만 4,800건

---

3 통계청 나라지표 〈이혼통계〉

의 혼인 신고와 더불어 9,600건의 이혼 신고가 있었다.[4] 그리고 2013년의 총 이혼 건수는 11만 5,000건에 이른다. OECD 회원국에서도 높은 수준이다. 성격의 차이와 경제적 문제는 이혼 사유 중에서 가장 높은 비율의 항목이며, 가족 간의 불화는 그보다 낮은 것으로 보인다. 통계가 현실을 모두 반영하기는 어렵고, 무엇보다 이혼 자체가 잘못된 것은 아니다. 오히려 문제는 건강한 가족 문화가 이 사회에서 형성되고 있느냐에 있다.

목돈사회에서 결혼은 목돈을 마련하는 거대한 행사다. 결혼 당사자의 경제적 능력만으로 결혼하는 것이 아니라, 양가의 경제적 지원을 기초로 결혼을 한다. 그러다 보니 다른 나라에는 없는 갈등 요인이 우리 사회에는 있다. 부모의 간섭과 기대는 당연해 보인다. 금전적 지원은 그것이 가족 간의 일이라 하더라도 채권/채무 의식을 조장한다. 시부모와 처부모의 경제적 개입은 남편과 아내 사이의 결속을 해친다. 이것이 성격의 차이를 조장하며, 경제적 문제를 낳고, 가족 간의 불화 요인으로 작용할 위험이 있다.

그러나 자립한 남자와 자립한 여자의 결혼이라면 부모의 간섭은 현격히 줄어든다. 쌍방 간에 금전이 오고가지 않으므로 쓸데없는 채권/채무 의식이 생기지 않는다. 이른바 '쿨한 관계'를 유지할 수 있다. 우리 사회가 목돈게임을 그만둔다면 금전을 둘

---

[4] 2014. 8. 27. 통계청 발표 〈2014년 6월 인구동향〉

러싼 갈등이나 투자를 배경으로 한 간섭은 상당히 줄어들 것이다. 오히려 그로 말미암아 더 건강한 가족관계가 만들어지리라 생각한다.

자살률

절망을 경험하고 어떠한 빛도 기대할 수 없을 때 사람들은 불현듯 자기 생을 끊는다. 인생에 대한 여하한의 환상이 사라지면 죽음은 미련 없이 찾아온다. 인간의 행복은 꼭 돈의 힘에 의해 정해지는 것은 아니다. 적은 수입이 인간의 행복과 불행을 좌우하지는 못한다. 불충분하고 가난한 자립이어도, 자립은 자살의 반대쪽에 있다. 돈의 크기를 무시하면 안 된다. 내가 받을 돈의 크기가 아니라 내가 지불해야 할 돈의 크기 말이다. 개인이 어찌해 볼 도리 없는 목돈의 요구 앞에서 도저히 자립할 수 없다면 희망은 추방되고 절망이 찾아온다.

우리나라의 자살 사망률은 OECD 회원국 중 1위다. 독보적인 자살률 1위 국가라는 오명의 직접적인 원인이 목돈사회에 있다고 단정하기는 힘들다. 여러 사회적 요인이 종합적으로 영향을 미쳤을 것이다. 다만 2000년대의 자살률과 비교해서 거의 전 세대에 걸쳐 2배가량 증가했다는 점은 시사하는 바가 크다. 그 사이 개인에게 요구되는 목돈의 크기가 가파르게 증가했다. 개인은 존재의 대가를 이 사회에 내야 한다. 목돈 마련은 무표정하고 완고한 의무이며 사회적 과세다. 존재는 연약해진다. 자신의 능력을 초월한 목돈을 마련해야 하기 때문이다. 이 사회 자체가 평범한 희망을 핍박한다. 평범한 희망조차 귀해지고 존재가 연약해지는 곳마다 절망의 곰팡이가 피어난다. 절망이 죽음을 유혹한다.

그러나 여느 정상적인 나라처럼, 사회가 개인이 감당할 수 없는 크기의 돈을 존재의 대가로 요구하기를 멈춘다면, 기록적인 자살률도 개선될 것이라 나는 믿는다.

재벌 개혁에 대해

사람들은 민주주의라는 단어만큼이나 재벌 개혁을 쉽게 말한다. 이 두 단어는 오늘날 '경제민주화'라는 낱말로 한 쌍을 형성한다. 말하기야 쉽지만 몹시 난해한 단어다. 어떤 전제가 있을 때에만 그 의미가 쉽게 해석된다. 국가의 힘을 전횡할 수 있다거나 입법의 권위를 한껏 사용할 수 있어야 한다는 전제가 그것이다. 애석하게도 그것은 가능하지 않고 설령 가능하더라도 나쁜 선택이다. 국가주의의 문제점은 4장에서 말한 적이 있다. 국가주의와 입법만능주의라는 전제가 없다면 어떻게 재벌 개혁을 하겠다는 말인가. 도대체 재벌 개혁의 목표가 무엇인지도 분명하지 않고 무엇을 얻을 수 있는지도 모르겠다. 경영 투명성이나 지배구조의 문제는 시장에서 다뤄지는 게 옳고, 학자와 저널이 비판할 수는 있어도 정치가 해결한답시고 함부로 나서기는 어렵다. 견해가 다른 '정의롭지 않은(을)' 사람들이 다수일 때, 강자가 짊어지고 있는 짐을 대신 짊어질 다른 힘이 없을 때, 사람들이 오히려 권력자의 강한 힘을 동경할 때 재벌 개혁만큼이나 난해한 낱말도 드물 것이다. 대기업군에 속해서 일하는 노동자도 똑같은 국민이다.

　사람들이 자발적으로 순종하는데 어떻게 재벌을 개혁할 수 있다는 것인지 의문이지만, 재벌이 한국 경제에 미치는 영향이 과다하고 그로 말미암아 1997년 외환 위기 같은 국가적 환란에 봉착할 수 있으므로 적절한 예방이 필요하다는 점, 그러므로 재벌이 건전한 경영 질서에 따르도록 하고 사회에 나쁜 영향을 미치지 않도록 해야 한다는 점은 충분히 납득한다. 하지만 재벌 개혁은 사회의 핵심 현안이 아니며 경제민주화의 중심 담론도 아니다. 힘 있는 소수를 견제하는 것만으로는 얻고 취할 게 별로 없다. 다수의 각성된 힘을 키우는 것이야말로 민주주의 담론에서는 다급한 문제. 말하자면 소수의 재벌 개혁이 아니라 그 대안이 될 세력을, 혁신적인 개인과 중소기업을 육성하는 것이 경제민주화의 본령이다. 이렇게 말하면 재벌 때문에 중소기업이 어려운 것이라고 반박할지도 모르겠다. 이론적으로는 그럴싸하지만 현실적으로는 그렇지 않다. 애국심이 소환되는 대외경제를 말하면 느닷없이 목소리를 모아 '우리 대기업'을 응원할 것이다. 무엇보다 그런 반박 논리에는 집단과 집단 사이의 길항관계만 있다. 사람이 없다. 대기업에서 일하는 사람들과 중소기업에서 일하는 사람들 말이다.

　모든 기업은 시장에서 독보적인 지위를 갖고 있을 때에만 오만해진다. 그런 지위를 잃으면 재벌은 겸손해진다. 대기업을 두렵게 만드는 것은 저하된 시장경쟁력이다. 새롭게 등장한 창조적인 기업들이 대기업의 경쟁력을 빼앗고, 그런 일이 흔할 때 사회는 자연스럽게 활력을 찾으며 재벌은 자발적으로 개혁한다. 대기업은 소수이며 중소기업은 다수다. 개인을 독려하고 중소기업을 육성하는 것이 가장 효과적인 재벌 개혁이다. 그렇지만 여기에는 함정이 있다. 중소기업 육성을 국가가 그동안 게을리했느냐 하면 꼭 그렇지는 않다는 점이다. 중소기업청도 있고 국가의 각종 지원 시책도 있다. 무엇이 문제였을까?

나는 중소기업의 경쟁력이 어디에서 비롯되는지에 대한 냉정한 고찰을 요청한다. 나의 대답은 바로 '사람'이다. 탁월한 노동자든 혁신적인 경영자든 사람에 의해 중소기업의 경쟁력이 좌우된다. 우수한 인력이 중소기업에서 일하더라도 일에 집중할 수 있는 사회 조건이 있어야 한다. 이는 대기업에서 근무하는 노동자가 사표를 내고 창업을 하거나 중소기업으로 이직할 수 있는 사회 조건이기도 하다. 그 조건은 바로 개인이 자립하기 쉬워야 한다는 것이다. 대기업과 중소기업의 임금 편차에도 불구하고, 중소기업의 임금만으로 경제적 자립이 가능하다면 더 많은 혁신적인 기업이 나올 수 있다. 혁신은 사람에게서 비롯되기 때문이다. 그러면 우리는 이 책에서 웅변하듯이 반복적으로 말하는 목돈사회라는 벽에 부딪힌다.

번뜩이는 머리를 가진 사람들이 우리라고 왜 없겠는가? 그러나 천재도 자립할 수 없다면 아무것도 아니다. 생계형 스티브 잡스, 예컨대 목돈이라는 무게 때문에 망설이며 자기 결정을 못 내리는 스티브 잡스를 상상할 수 있겠는가? 실상 한국 사회는 개인이 목돈을 장만해야 하기 때문에 중소기업의 급여만으로는 경제적 자립이 어렵다. 급여의 크기가 문제라기보다는 사회가 요구하는 지출의 크기가 너무 크다. 이 문제는 도저히 중소기업 스스로 해결할 수 없다. 재벌 개혁을 외치더라도 우수한 인력은 재벌 대기업으로 몰리게 되어 있다. 그것이 목돈사회의 구조다.

작은 기업들은 모든 면에서 대기업에 뒤진다. 자본, 자원, 네트워크, 신용, 권력, 어느 모로 보나 대기업보다 나을 수 없다. 후발주자는 선행 기업보다 못하다. 그런데도 작은 기업이 경쟁을 촉발하고 성장해야 하는 까닭은 단순히 통계지표에서 밑줄 긋고 나올 법한 고용기여율 때문만은 아니다. 그들의 활력이 혁신을 가져올 것으로 기대하기 때문이다. 그러기 위해서는 다시 한 번 강조하지만 작은 기업에 다녀도 개인의 경제적 자립이 가능해야 한다. 창업에 실패하더라도 다시 노력해 자립할 수 있어야 한다. 개인의 경제적 자립과 그로부터 곳곳에서 출현하는 혁신가들이야말로 재벌의 적이다.

재벌 개혁이라는 담론이 나온 까닭은 한국의 재벌이 비정상적이기 때문이다. 국가의 완력을 동원하기 전에 우선 사회를 정상적으로 만들 필요가 있다. 논리는 간명하다. 목돈사회를 개혁해서 개인이 자립하기 쉬운 사회로 만들어야 한다. 이로써 탁월한 개인은 모험을 강행하고, 혁신적인 기업이 더 많이 출현할 것이다. 이처럼 재벌을 대체할 수많은 대안들을 만들어야 한다. 그런 대안을 제대로 육성하지 못한다면 재벌 개혁은 탁상공론에 그친다.

활력은 어디에서 오는가

활력은 '개인의 자립'에서 나온다. 공동체의 자립은 사건이지 활력을 몰고 오지는 못한다. 예컨대 식민지 독립은 감격적인 사건이지만 그것만으로 우리 사회에 활력을 가져오지는 못했다. 사회를 구성하는 개인이 저마다 자립할 때 그 사회에 활력이 생긴다. 인간은 자립함으로써 인간이 된다. 경제적 자립은 정신적인 자유의지를 옹호한다. 자유는 존재의 근본이다. 자립한 사람은 스스로의 힘으로 옳고 그름을 판단할 수 있고, 자기한테 어울리는 일을 선택할 수 있다. 자립한 사람은 자기 자신의 생각과 입장을 분명히 할 수 있다. 자립한 사람은 좀 더 적극적으로 사악함에 맞설 수 있고 비인간성에 저항할 수 있다. 또한 목표를 결정하고 그곳을 향해 좌고우면하지 않고 나아간다. 도전을 하며 용기를 낸다. 이것이 활력이다. 개인의 활력이 있어야 창업의 촉진과 중소기업의 진흥과 재벌 개혁이 탁상공론에서 벗어난다.

자립한 개인이 모여 건강한 사회를 만든다. 개인의 자립이 정치적으로는 민주주의를 만들며 경제적으로는 부흥을 부른다. 탈목돈사회를 이루려는 노력은 자립한 시민을 얻기 위한 전진이다. 유권자가 정신적으로 건강하면 부패한 자들이 권력을 쥘 수 없다. 자립한 시민은 새로운 도전을 할 수 있으며, 자립한 사람이야말로 모험을 결단하고 새로운 부가가치를 시도하며 그로써 비즈니스 세계에 활력을 가져온다. 더 많고 더 다양한 창업은 시장을 자극한다. 사람들은 반문한다. 과연 해결책이 있겠느냐고. 첫째, 목돈사회의 비정함을 우리가 알고, 둘째, 국가의 마중물이 뒷받침되고, 셋째, 서두르지 않으면 된다. 해결은 쉽지 않겠으나 불가능하지도 않다. 오히려 목돈사회 자체가 다른 나라에서는 불가능한 일이었다. 물구나무서기를 해냈다면 다시 똑바로 서는 것도 가능하다.

에필로그

여러분, 한국 사회는 어째서 '헬조선'이 되었을까요? 지금까지 저는 이 책을 통해 그 까닭을 이야기했습니다. '목돈사회'이기 때문입니다. 앞선 세대가 다음 세대에 좋은 사회를 물려주지는 못할망정 괴롭혀서야 되겠습니까? 이 나라 젊은이는 저마다 지참금을 준비해야 합니다. 이 지참금은 결국 자신이 어떤 가족에 소속되어 있는지를 증명합니다. 푼돈이 아니라 소득을 압도하는 목돈이기 때문입니다. 이 세대의 절망을 들어보십시오.

사실 '헬조선'이라는 표현은 어폐가 있습니다. 돈이 많은 부자에게 한국 사회는 기회의 땅일지언정 지옥은 아닙니다. 그리고 기성세대에게도 지옥일 리 없습니다. 그들 세대는 시대가 어려웠을 뿐, 인생 자체가 어렵지는 않았습니다. 그들이 살았던 사회는 사람들에게 성실한 노동만을 요구했습니다. 그래서 그들은 영광을 취할 수 있었습니다. 기성세대가 영광에 취한 사이, 목돈이라는 괴물이 자랐습니다. 이제 사회는 개인에게 성실한 노동만을 요구하지 않습니다. 개인의 능력을 초월하는 목돈을 '존재에 대한 대가'로 요구합니다. 그러므로 활력을 기대하지 마십시

오. 이 세대는 가족의 도움 없이는 자립할 수 없습니다. 경제적 자립 없는 개인의 자유는 병약합니다. 이것이 한국 사회의 고유한 문제입니다. 외국 사례를 연구해봤자 소용이 없습니다.

어느 사회에서나 어둠이 있게 마련입니다. 슬픔과 절망이 없는 사회는 없습니다. 하지만 희망이 자라고 새로운 활력이 생긴다면 우리는 다 같이 인내할 수 있습니다. 그것이 전후 한국 사회였으며 80년대까지 지속되어 왔다고 생각합니다. 당시의 어른 세대는 자식 세대에게 희망을 걸었습니다. 그 덕분에 자식 세대는 자립하기 어렵지 않았습니다. 가난과 고난은 그것을 극복했을 때 명예가 됩니다. 그렇지만 희망이 자라지 못하고 활력을 기대할 수 없다면 그 사회는 '지옥'이 됩니다. 지금의 기성세대가 만들어놓은 이 목돈사회는 그들 부모 세대와는 정반대로 젊은 세대를 구조적으로 억압합니다. 그래서 그들 자신도 고통을 겪습니다. 그들도 자식의 목돈을 준비해야 하기 때문입니다.

우리 그러지 맙시다. 힘센 사람이 무거운 짐을 드는 법입니다. 힘없는 사람들의 어깨 위에 더 무거운 짐을 얹지 말고 그들로 하여금 스스로 걷게 합시다. 그것이 사회의 흔한 정의입니다. 목돈사회는 이 정의를 거꾸로 뒤집어놓았습니다. 우리 아이들의 미래를 위해서라도 다시 돌려놓읍시다.

2014년 봄에 동명의 글을 인터넷 언론 매체에 연재하면서 이 책을 위한 대강의 얼개가 만들어졌습니다. 연재를 제안해주신 「딴지일보」 김용석 편집장님께 감사를 드립니다. 이 책의 초고는 그 해 가을에 나왔습니다. 하지만 전체적으로 거칠었고 흠이 많았습니다. 자신의 흠을 낱낱이 살피는 것은 참 어려운 일입니다. 타인의 목소리를 경청할 수밖에 없습니다. 필화로 고난을 겪고 있던 세종대학교 박유하 교수님께서 원고를 읽고 부드럽게 조언을 해 주셨습니다. 원고에 자신감을 불어넣어 주는 것도 잊지 않으셨습니다. 덕분에 모나고 뾰족한 곳을 온순하게 만들 수 있었습니다. 을지대학교 기명 교수는 파리 소르본느 대학 도서관에서 원고를 꼼꼼히 읽은 후에 장문의 편지를 써 주었습니다. 친구의 우정 덕분에 이 책의 논리가 좀 더 치밀해졌습니다. 시나리오 작가이자 회사에서 함께 일하는 동료인 구혜미 팀장은 원고의 어떤 부분이 매력적이며 어떤 부분이 모호한지에 대해 말해 주었습니다. 덕분에 책에 윤기가 생겼습니다. 이 네 분의 도움이 없었다면 이 책은 마치 단추 떨어지고 구멍 난 양복 같았을 터입니다. 고맙습니다.

    무엇보다 한결같이 저와 제 글을 신뢰해주신 에이콘출판사 권성준 사장님께 더할 나위 없는 감사의 마음을 표합니다. 세린이는 빨리 사장님과 저녁 약속을 잡으라며 아비를 독촉합니다. 하나애는 출판사 이야기만 나오면 귀가 커집니다. 저희 가족 모두 즐거운 식사를 늘 고대합니다.

정우성

에이콘출판의 기틀을 마련하신 故 정완재 선생님 (1935-2004)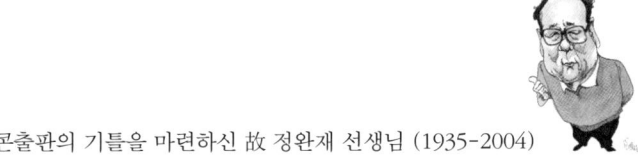

목돈사회
대한민국은 어떻게 헬조선이 되었는가

인 쇄 | 2015년 11월 20일
발 행 | 2015년 11월 27일

지은이 | 정 우 성

펴낸이 | 권 성 준
엮은이 | 김 희 정
         전 도 영
         전 진 태
디자인 | 이 승 미

인쇄소 | (주)갑우문화사
지업사 | 신승지류유통(주)

에이콘출판주식회사
경기도 의왕시 계원대학로 38 (내손동 757-3) (16039)
전화 02-2653-7600, 팩스 02-2653-0433
www.acornpub.co.kr / editor@acornpub.co.kr

한국어판 ⓒ 에이콘출판주식회사, 2015, Printed in Korea.
ISBN 978-89-6077-795-8
http://www.acornpub.co.kr/book/mokdon

이 도서의 국립중앙도서관 출판시도서목록(CIP)은 서지정보유통지원시스템 홈페이지(http://seoji.nl.go.kr)와
국가자료공동목록시스템(http://www.nl.go.kr/kolisnet)에서 이용하실 수 있습니다.(CIP제어번호: CIP2015031672)

책값은 뒤표지에 있습니다.